★★★ 네이티브도 놀라는 ★★★

세련된 영어 표현

고급

★★★ 네이티브도 놀라는 ★★★
세련된 고급 영어 표현

초판 1쇄 발행 2018년 8월 29일
2판 1쇄 인쇄 2024년 9월 21일
2판 1쇄 발행 2024년 10월 2일

지은이	서경희
발행인	임충배
홍보/마케팅	양경자
편집	김인숙, 왕혜영
디자인	이경자, 정은진
펴낸곳	도서출판 삼육오(PUB.365)
제작	(주)피앤엠123

출판신고 2014년 4월 3일
등록번호 제406-2014-000035호

경기도 파주시 산남로 183-25
TEL 031-946-3196 / FAX 031-946-3171
홈페이지   www.pub365.co.kr

ISBN 979-11-92431-92-5 13740
ⓒ 2024 서경희 & PUB.365

★★★ 네이티브도 놀라는 ★★★

세련된

고급

영어 표현

저자 서경희

PUB옥오

머리말

누구나 한번쯤은 영어 숙어나 관용표현들을 공부하면서 관용구를 구성하고 있는 단어들만으로는 숨겨진 의미를 유추해 내기가 힘들었던 경험이 있을 겁니다. 그 이유는 이러한 표현들 속에 녹아 있는 영미권 국가들의 관습이나 문화, 역사 등의 기본적인 이해가 필요하기 때문입니다.

이 책은 관용표현들이 어떻게 관습적으로 쓰이게 되었는지를 이해하면 마치 암호가 술술 풀리듯이 그 표현의 습득이 쉬워진다는 점을 착안하여 기획되었습니다. 독자들은 영미권에서 자주 쓰이는 숙어나 관용표현의 유래를 통해 영미권의 사회, 문화, 전통 그리고 역사에 대해 재미있고 자연스럽게 이해를 할 수 있고, 실제 의사소통 상황에서 영어 관용어가 수행하는 역할과 기능에 대해서 폭넓게 이해할 수 있게 될 것입니다.

이 책은 1부 '일상생활에서'와 2부 '비즈니스 상황에서'에는 관용표현의 유래설명과 그 표현을 이해하는 데에 도움이 되는 예문으로 구성되어 있습니다. 책속의 모든 숙어와 관용표현들이 스토리텔링 형식으로 소개되어 독자들이 이야기의 흐름에 따라 해당 표현들을 쉽게 이해할 수 있습니다. 또한 실용회화(Real Life Conversation) 섹션에는 관용구들이 실제 생활에서 유용하게쓰일 수 있는 다양한 상황들(정치, 경제, 비즈니스, 스포츠, 및 일상생활 등)과 관련된 대화문이 소개되었습니다. 긍정적인 뉘앙스와 부정적인 뉘앙스를 동시에 가지고 있는 관용구일 경우에는 충분한 설명과 함께 예문을 제시하여 실제 활용면에서 혼동이 없도록 하였습니다. 또한 독자들의 이해를 돕기 위해 각 표현에 해당되는 삽화를 다양하게 제시하고 또한 Tip 섹션도 마련하였습니다. 끝으로 이 책에서 제시된 표현과 의미만을 간추려 정리한 부록을 첨부하여 포켓사전처럼 절취해서 가지고 다닐 수 있도록 하였습니다.

이 책에 실린 실용회화섹션의 대화문은 MP3로도 제공이 되고 각 예문에대한 Tip도 상세하게 제시되어 있으므로 회화를 반복해서 들으면서 학습할 수 있습니다.

무엇보다도 대화에 등장하는 다양한 인물들의 상 호관계 및 상황을 역할극(role play) 등을 통해서 연습해 봄으로써 해당 표현이 실제 회화에서 어떻게 쓰이는 지를 익힐 수 있을 것입니다.

이 책은 영미권 사람들과 의사 소통할 때 소위 '영어 네이티브 화자들도 놀랄 정도의 세련된 영어표현'을 구사하고 싶은 사람들에게 추천합니다. 특히, 취업이나 유학을 준비하고 있는 대학생들, 기업체에서 일하고 있는 회사원들, 그리고 해외 비즈니스를 영위하는 사업가들에게 유익할 것입니다. 또한 국제학교에서 미국 유학을 준비하는 학생들에게도 유익한 가이드가 될 것이며, 국제학교와 대학교의 영어수업이나 기업체의 영어강좌에서 교재로도 사용될 수 있을 것입니다.

이 책에 실린 표현들은 실제 미국신문과 방송에도 자주 등장하는데 예를 들면 "The buck stops with me/The buck stops here."는 바이든 대통령이 방한했을 때 윤석열 대통령에게 선물했던 깜짝 팻말에 쓰여진 문구로서 "대통령은 결정을 내리고 그 결과에 대한 책임을 지는 자리"라는 의미이고 더 넓게는 "모든 책임은 궁극적으로 내가 다 떠맡는다"는 의미입니다. 그런 의미를 갖게 된 유래에 대해서는 이 책의 episode 54를 참고하시기 바랍니다.

"Practice makes perfect.(연습을 거듭하면 완벽함에 이르게 된다)"를 독자들에게 다시 한번 상기시키고 싶습니다. 추운 겨울을 이겨내야 봄 하늘을 날아 오를 수 있는 나비처럼, 여러분의 거듭 된 노력과 수고가 결실을 맺어 영미권 세계로 힘차게 비상하기를 기대해봅니다.

마지막으로 이 책을 집필하는 과정에서 여러모로 도움을 준 분들에게 감사를 표합니다. 회화 예문 선정에서 도움을 준 아들 현태와 책 전체의 온전함을 추구할수 있도록 교정을 봐주신 김용일 박사, 표지 디자인 등에서 도움을 준 제자들, 그리고 이 책이 출판되도록 실질적인 도움을 주신 삼육오 출판사 관계자 분들께도 감사의 마음을 전합니다.

2024년 가을의 초입에서
한국외국어대학교 ELLT학과 교수 서경희

학습방법

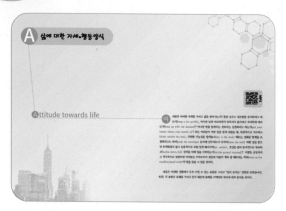

STEP 01

스토리텔링으로 상황 파악

4가지 주제를 시작하기 전, 스토리텔링을 통해 상황에 맞게 쓰이는 영어 표현을 확인할 수 있습니다.

STEP 02

쉽게 이해하는 어원

각 에피소드에서 제시하는 오늘의 표현에 대한 어원을 상세하고 쉬운 설명으로 이해합니다. 영어 표현에 녹아 있는 영미권 국가들의 관습, 문화, 역사 등도 이해할 수 있습니다.

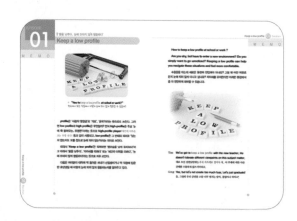

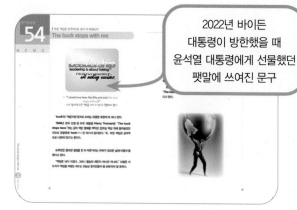

> 2022년 바이든 대통령이 방한했을 때 윤석열 대통령에게 선물했던 팻말에 쓰여진 문구

STEP 03

미디어에 노출된 고급 표현

미국 방송 및 연설문 등에 자주 사용되는 고급 표현을 선별하여 표현으로 선정하였습니다.

쉽게 이해하는 어원

표현을 활용한 다양한 다이얼로그를 통해 사용법을 확실히 이해할 수 있으며, 주요 단어 등에 대해 상세한 Tip을 통해 이해를 돕습니다.

실용적인 학습 자료

01

도서에서 소개한 표현 전체를 한 눈에 볼 수 있도록 정리하였습니다. 사이트에서 다운받아 프린트하여 다니면서 언제 어디서든 꺼내 보면서 학습할 수 있습니다.

◆ PUB365 홈페이지 www.pub365.co.kr 에서 PDF 무료 다운로드 가능!

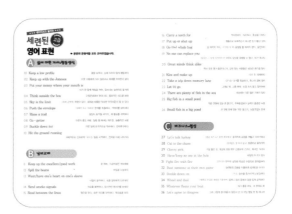

02

실생활에서 벌어질 수 있는 다양한 상황별 대화문을 듣고 큰소리로 따라 말해보세요.

◆ 말하기 훈련용 MP3도 제공!

목차

B 남녀 교제

Contents

A 삶에 대한 자세·행동양식

Attitude towards life

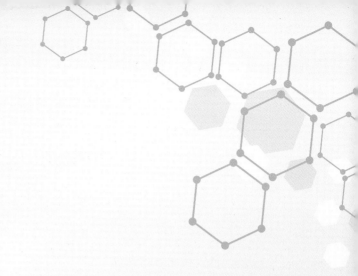

여 러분은 어떠한 자세를 가지고 삶을 살아가는가? 몸을 낮추고 겸손함을 유지하려고 하
는지(keep a low profile), 아니면 남과 비교하면서 뒤처지지 않으려고 무리하게 애쓰
는가(keep up with the Joneses)? 아니면 말을 앞세우는 것보다는 실천하려고 하는가(put your
money where your mouth is)? 또는 여러분이 어떤 일을 맡게 되었을 때, 독창적으로 사고하고
(think outside the box), 무한한 가능성을 열어놓고(sky is the limit) 때로는 정해진 한계를 초
월하려고도 하며(push the envelope) 동시에 선두자로서 나서며(blaze the trail) 어떤 일을 맡으
면 두려워하지 않고 능동적으로 수완 있게 해나가며(go-getter), 정성을 쏟아 본격적으로 착수하
고(buckle down (to)) 전력을 다해 일을 시작하는가(hit the ground running)? 이렇듯 긍정적이
고 적극적으로 임한다면 여러분은 주위로부터 칭찬과 더불어 계속 잘 해보라는 격려(keep up the
excellent/good work)의 말을 들을 수 있을 것이다.

다음은 이러한 상황에서 두루 쓰일 수 있는 유용한 그리고 "있어 보이는" 산뜻한 표현들이다.
또한, 각 표현은 유래를 가지고 있기 때문에 유래를 기억하면 머리에 쏙쏙 들어올 것이다.

| '몸을 낮추다, 눈에 뜨이지 않게 행동하다'

Keep a low profile

● **"How to** keep a low profile **at school or work?"**
학교에서 또는 직장에서 어떻게 눈에 띄지 않게 행동할 수 있을까?

profile은 '사람의 옆얼굴'로 '개요', '윤곽'이라는 뜻으로도 쓰인다. 그러면 low profile과 high profile은 무엇일까? 먼저 high-profile은 주로 '눈에 확 들어오는, 유명한'이라는 뜻으로 high-profile player(세간의 이목을 끄는 유명 선수) 등과 같이 사용되고, low-profile은 그 반대의 의미로 '있는지 없는지도 모를 정도로 눈에 띄지 않는'이라는 의미로 쓰인다.

따라서 'Keep a low profile'은 직역하면 '옆모습을 낮게 유지하다'이고 따라서 '몸을 낮추다', '저자세를 취하다' 또는 '세간의 이목을 피하다', '눈에 뜨이지 않게 행동하다'라는 뜻으로 자주 쓰인다.

다음은 여러분이 대학에 막 들어온 새내기 신입생이거나 막 직장에 입문한 초년생일 때 어떻게 눈에 띄지 않게 행동하는지를 알려주고 있다.

How to keep a low profile at school or work ?

Are you shy, but have to enter a new environment? Do you simply want to go unnoticed? Keeping a low profile can help you navigate these situations and feel more comfortable.

수줍음을 타는데 새로운 환경에 진입해야 되나요? 그럴 때 어떤 이유로 든지 눈에 띄지 않게 다니고 싶나요? 저자세를 유지한다면 이러한 환경에서 좀 더 편안하게 대처할 수 있습니다.

Tim　We've got to keep a low profile with the new teacher. He doesn't tolerate different viewpoints on this subject matter.
새로 오신 선생님한테는 우리 저자세로 있어야 해. 이 주제에 대한 다른 견해를 수용하지 않으시더라고.

Greg　Yes, but let's not create too much fuss. Let's just graduate!
응, 그런데 우리 공연한 소란 너무 떨지는 말자. 졸업이나 하자고!

Real Life Conversation

◆ **Dialogue 1**

Joey   I hope that this country keeps a low profile on territorial disputes involving superpowers.
이 나라가 초강대국들이 연루된 영토분쟁에는 그냥 쥐죽은 듯 조용히 있으면 좋겠어.

Paulina I'm a patriot, but even I don't want to see us get into a war that we're bound to lose.
애국자인 나조차도 우리가 질 게 뻔한 전쟁에 휘말려 드는 것을 원하지 않아.

◆ **Dialogue 2**

Mikaela Maggie, we need to keep a low profile with this new CEO, don't you think?
매기, 우리 새로 온 최고경영자 앞에서 죽으라면 죽는시늉 해야 할 것 같아. 그렇지 않아?

Maggie   Yes, he doesn't seem very forgiving about quirky employees like you and I.
응, 너나 나같이 튀는 사원에 대해서 관대하신 것 같지는 않더라.

* quirky 기발한, 튀는

16

◆ **Dialogue 3**

Janice   We have to keep a low profile for the time being; the
          new police chief is going to arrest pro-independence
          activists without a trial.
          우리 당분간은 조용히 사고 안 치고 지내야 해. 신임 경찰 두목
          이 독립투사들을 재판도 안 하고 투옥시킬 거야.

Hannah   That's our fate, always on the run; if that means our
          country is liberated, so be it!
          뭐 그게 우리 운명 아니겠어, 항상 도망자 신분인 게. 그렇게 함으
          로써 우리나라가 독립이 된다면, 충분히 그리할 만한 가치가 있어!

◆ **Dialogue 4**

George   Ellie, let's keep a low profile on this mission. We don't
          want our enemies to know what we're up to, do we?
          엘리. 이 임무에 대해서는 눈에 띄지 않게 하자고. 우리가 무슨
          일을 하려고 하는지 적들이 눈치채면 안되잖아.

Ellie   Ok, mum's the word for me!
          알았어. 남한테 말하지 않을게!

◆ **Dialogue 5**

John   Betty, we should keep a low profile today in class,
          right?
          베티, 오늘 수업시간에 잠잠히 있자고 알았지?

Betty   Correct. Don't do anything that makes the teacher call
          on us.
          맞고요. 선생님이 우리를 지목하는 일이 없도록 하자고.

* on the run 뛰어서, 서둘러
  서, 쫓기어

* mum's the word 남에게 말
  하지 마라 (mum은 침묵)

17

I '이웃 사람에게 지지 않으려고 허세를 부리면서 살다'

Keep up with the Joneses

● **"Let's not try to** keep up with the Joneses**, please?**
It's just too expensive with our income."
이웃집들과 제발 비교하려고 하지 말자고. 우리 수입으로는 너무 비싸서 말이야.

'Keep up with the Joneses(or Jones's)'는 1913년 A.R.Momand 가 미국에서 'Globe'지에 연재한 만화 제목으로서 그 이후 일반인들 사이에 서도 널리 쓰이게 된 표현이라고 한다.

미국에서 Jones는 평범한 보통사람을 지칭할 때 쓰이는데 예를 들면 the Jones는 이웃사람이라는 의미이고 요새 유행하는 미국드라마 Mrs Jones(죤스부인)는 아마도 이웃집 여자라는 뉘앙스로 이해하면 될 것 같다.

따라서 직역하면 '이웃과 보조를 맞추다'인데, 친구나 이웃과 비교하여 주로 물질적인 것에 자신이 뒤처지지 않게 보이려고 무리하게 애쓸 경우, 즉 일종의 허영심에서 나오는 쓸데없는 경쟁심을 지적할 때 사용된다.

Keep up with the Joneses **02** Section

They have just bought a new car even though they cannot afford it. They should stop keeping up with the Joneses.

그들은 금전적 여유가 없음에도 불구하고 새 차를 막 구입했다. 잘사는 이웃과 보조를 맞추려는 시도는 그만하는 것이 좋겠다.

Darren　Let's not try to keep up with the Joneses, please? It's just too expensive with our income.
　　　　이웃집들과 제발 비교하려고 하지 말자고. 우리 수입으로는 너무 비싸서 말이야.

Marlene　Sure, I wasn't trying to keep up with them anyway. They have too many expensive things.
　　　　알았어. 어쨌든 비교는 안 하려고 하고 있어. 그 사람들 너무 비싼 물건들만 가지고 있거든.

Real Life Conversation

◆ Dialogue 1

Yura I can't seem to keep up with the Joneses on my small salary.
쥐꼬리만 한 월급 받고서는 정말 중간도 못 가겠네! 이거.

Chanmi Look into changing jobs with a better salary.
월급 좀 더 후하게 주는 직장으로 이직하는 거 고려해요.

◆ Dialogue 2

Joohee I think that some of the fast-growing developing countries had a 'keeping up with the Joneses' attitude. As in, they wanted to be as rich as their neighboring countries.
내가 생각하기론, 급속도로 경제 성장한 몇몇 개발도상국들은 '우리도 한번 잘살아 보세' 정신을 가졌던 것 같아. 즉, 이웃 나라들만큼 부유해지기를 희망했던 거지.

Yeob I can see that. There have been some negative side effects, though; for instance, too many citizens in those countries acquired a materialistic attitude towards life.
나도 동의해. 하지만 부작용도 좀 있었지. 예를 들어, 그런 나라들은 시민들이 너무나도 많이 인생에 대해 물질주의적인 자세를 가지게 되었지.

◆ **Dialogue 3**

Darren　Why do we always have to keep up with the Joneses, anyway?

우리 왜 항상 남들 따라잡으며 비교하며 살아야 하지 정말?

Mabel　I ask myself the same question every day. I mean, isn't life valuable and worthy living on its own, rather than for comparing oneself with others?

나도 매일매일 그런 질문을 스스로에게 던지지. 정말, 인생이란 게 그 자체로 가치가 있는 거지, 비교하며 살아가는 그런 건 아니잖아?

| '네가 한 말에 책임을 져라, 말보다는 실천으로 옮겨라'
Put your money where your mouth is

● **"It is easier said than done.**
Put your money where your mouth is**."**
말이야 쉽지. 행동으로 보여줘.

'**Put your money where your mouth is**'를 직역하면 '입이 있는 곳에 돈을 놓다' 혹은 '입이 있는 곳에 돈을 걸어라'로서, 자신이 믿는 바를 물질적으로 지원한다는 뜻이라고 한다.

이 표현은 도박판이나 포커 게임에서 유래되었다는 설이 있으나 요새는 '자기가 믿고 주장하는 바에 실질적인 힘을 제공해야 한다'는 뜻으로 쓰인다.

주로 말로만 떠드는 사람에게 할 수 있는 말로서 '말만 하지 말고 돈을 걸어라' 즉 '네가 한 말에 책임을 져라', '말보다는 행동을 해라'의 의미이다.

It is easier said than done. Put your money where your mouth is. 말이야 쉽지. 행동으로 보여줘.

다음은 비슷한 맥락에서 쓰일 수 있는 표현이다.

Actions speak louder than words. 말로만 하지 말고 실천해라.

Peter   I hope our new professor can put her money where
         her mouth is, don't you?
         신임 교수님께서 말씀하신 것을 실천에 옮기시길 바라는데, 너도
         그러지 않아?

Sally   Yes, she said she'll teach us many things in this New
         Year. Let's hope that it wasn't just words...
         응, 새해에 우리에게 많은 것들을 가르쳐 주신다 했어. 속 빈 강정
         같은 말씀은 아니었겠지...

put your money
where your mouth is

Real Life Conversation

◆ Dialogue 1

Hansol I think our boss should put his money where his mouth is, don't you?
우리 보스가 말로만 하지 않고 정말 실천으로 옮겨주었으면 좋겠어, 너도 그리 생각하지 않아?

Connie Yes, but you have to remember NGOs are often strapped for cash so don't expect too much out of him.
응, 그렇긴 한데, 비정부단체들이 자금이 모자라는 경우가 자주 있으니, 너무 큰 기대는 하지 마.

◆ Dialogue 2

Minhee I sure hope the company puts its money where its mouth is on employee benefits, don't you think?
회사가 직원 퇴직금 관련해서, 말한 대로 실천해 주었으면 정말 좋겠다, 그렇지 않아?

Taehoon Yes, because that's the best way to keep employees motivated and hardworking.
응, 그런 건 보장해 주어야 직원들이 계속 열심히 일할 동기부여를 받지.

* strapped for cash
strap은 명사로는 '가죽끈, 혁대', 동사로는 '가죽끈으로 매다(때리다)' 또는 '곤궁하다'는 의미이므로 be strapped for cash: '자금이 딸리다. 돈이 곤궁하다'

◆ Dialogue 3

Hayashi   I can run faster than you. Even when I'm kind of limping, like right now.
내가 너보다 더 빨리 뛸 수 있다. 심지어 지금처럼 내가 약간 절룩거려도 말이야.

Fumiko   Oh yeah? Put your money where your mouth is, and let's bet some money on the race!
아 그래? 말만 하지 말고 한번 붙어 보자. 우리 경주해서 돈내기하자!

◆ Dialogue 4

Mary   I truly hope that our company investors put their money where their mouth is.
우리 회사 투자자들이 말한 대로 실천했으면 좋겠어요. 정말로.

Tom   I couldn't agree with you more. Everything is riding on their support for our new product line. They had better give us actual support.
전적으로 동의해. 그들의 지원에 우리의 신상품 출시의 성패가 달려 있어. 그들이 실제로 도움을 주어야 할 터인데 말이야.

T I P

* ride on one's support는 직역하면 '지원을 타고 날다'이므로 '지원에 따라 성패가 달려 있다'라는 의미

| '고정관념에서 벗어나라, 창의적인 사고를 하라'

Think outside the box

- **"Let's** think outside the box **this time and come up
with a truly innovative new design."**
우리 해오던 대로만 하지 말고 이번에는 진정으로 혁신적인 디자인을 구상해 보자.

예전에 'nine dot puzzlers'가 있었는데 즉, 평면에 찍힌 9개의 점 (각각 세 개씩 세 개의 줄에 놓여진)을 연필을 떼지 않고 한 번에 계속해서 연결하라는 퀴즈였다.

이 문제를 풀기 위해서는 9개의 점이 찍힌 틀 안에서 선을 연결시킨다는 고정관념을 벗어나 틀 밖으로 선을 내보내서 연결시킬 때만이 가능하였다.

따라서 '상자 밖에서 생각하다'는 말은 '전형적인 틀이나 사고방식 또는 고정관념에서 벗어나 창의적인 사고를 하다'라는 의미이다.

'When you think outside the box' 가사 중에서

"You are free to who you are
 Choose your road and go too far
 The doors don't close and there ain't no locks
 When you think outside the box
 When you think outside the box"

Annie   Let's think outside the box this time and come up with a
          truly innovative new design.
          우리 해오던 대로만 하지 말고 이번에는 진정으로 혁신적인 디자인
          을 구상해 보자.

Manny   Sure, let's put our brains together and come up with
          some new ideas, OK?
          응, 우리 머리를 맞대어서 새로운 아이디어 창출해 내자, 알았지?

참고로, think inside the box는 '박스/틀 안에서 생각한다', 즉, 현재
주어진 상황을 있는 그대로 받아들이는 것을 의미한다. 즉, 창의성보다는 기
존의 틀 안에서 생각하라는 의미.

"You're invited to join us for the 2015 Think INSIDE the Box
Direct Marketing Conference" (2016년 캐나다 마케팅회의 슬로건)

"When you're innovating, think inside the box." 혁신을 꿈꿀 때
는 현재 주어진 상황 속에서 생각하라. (2013년 10월 8일 Harvard Business
Review 기사 제목)

Real Life Conversation

◆ Dialogue 1

Gordon   Do you think our new supervisor will think outside the box or be a bore?

우리 신임 관리관님이 틀에 박히지 않은 자유로운 영혼일까, 아니면 그냥 고지식한 분일까?

Yvonne   I don't know. We'll just have to wait and see how he does.

나도 잘 모르겠어. 그 사람이 어떻게 하는지 관망해 봐야 할 거 같아.

◆ Dialogue 2

Theresa   I think with the new clergy, we should start to think outside the box.

성직자분들도 새롭게 오셨고 하니, 우리도 이제 예전과 다르게 일처리를 해야 할 듯해.

Vincent   Yes, the program that we currently have in place is no longer appealing to the younger churchgoers.

맞아, 우리 현재 콘텐츠가 더 이상 젊은 교인들에게 먹히지 않는 것 같아.

* bore는 동사로는 '지루하게 하다', 명사로는 '따분한 사람'

◆ Dialogue 3

Manuel   You know, this company isn't the best fit for me. I can't be creative the way I used to be at my old company!
저 이 회사랑 잘 안 맞는 것 같아요. 예전 직장에서처럼 창의성을 발휘할 수 없어요!

Francois   You have to think not just outside, but also inside, the box from time to time when working here. It is a much bigger company than your previous employer, after all.
여기서는 개인플레이도 할 줄 알아야 하고, 종종 조직 생활도 할 줄 알아야 해. 자네 이전 직장보다 훨씬 더 큰 회사잖아.

◆ Dialogue 4

Edwin   I think with the new generation of military cadets we should start to think outside the box.
신세대 사관학교 생도들을 옛날 방식 그대로 다루면 안 될 것 같아요.

Franklin   On occasion, we now have to provide reasons as to why they're going through this or that drill.
종종, 생도들이 훈련을 받을 때 왜 그런 훈련을 받아야 하는지 우리가 이유를 설명해 주어야 해요.

| '(특히 금액에) 제한이 없다, 하려는 마음만 먹으면 무엇이든지 할 수 있다'

Sky is the limit

● **"Sky is the limit and you know that you keep on."**
넌 뭐든지 할 수 있으니 그냥 계속해

'Sky is the limit'는 직역하면 '하늘이 한계다', '하늘이 끝이다'라는 말인데, 이는 한계를 인정하고 체념하라는 말이 아니라 '가능성이 무한하다'라는 뜻이다. 하늘은 끝이 없으니까.

Sky is the limit and you know that you keep on.
넌 뭐든지 할 수 있으니 그냥 계속해.

The sky is the limit for the dress code at party.
파티 복장 규정에는 제한이 없다.
파티에 네가 입고 싶은 대로 입고와도 된다.

Frank   This country apparently thinks the sky is the limit on taking new territory.

이 나라는 정말 영토 확장에 있어 하늘 무서운 줄 모르는 것 같아.

Dwight   The international community won't just sit around and do nothing.

국제 사회가 그냥 가만히 보고 있지는 않을 터인데.

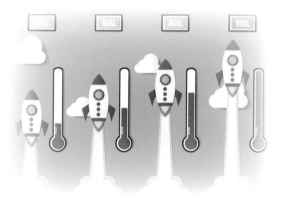

Real Life Conversation

◆ Dialogue 1

Boris　The prime minister just won the election with an increased majority in the national assembly.
총리가 이번 총선에서 여당 의석을 추가 확보해서 승리를 거두었죠.

Jeremy　With respect to pushing her agenda, the sky is the limit, don't you think?
이제 정책 추진에 있어 걸잡을 것 없겠네, 그렇지 않나?

◆ Dialogue 2

Lauren　Son, the sky is the limit; you can become whatever you want to be.
아들, 넌 뭐든지 다 할 수 있어. 되고자 하는 것들 다 될 수 있어.

Teddy　Mom, you sound like the mothers in soap operas.
엄마, 드라마에 나오는 엄마들이랑 똑같네.

◆ Dialogue 3

Camille   They say the sky is the limit in our profession. What do
you think?

남들 말로는 우리 분야에서 정말 탄탄대로를 걸을 수 있다고 하네.
어떻게 생각해?

Kristin   That may be true, but sometimes I feel as if we're flying
too close to the sun. For what purpose?

뭐 일리가 있는 말인데, 가끔가다 너무나 권력의 중심부에 가깝게
지내는 것 같기는 해. 무엇을 위해서 우리가 이래야 할까?

◆ Dialogue 4

Bruce   In the acting industry, they say the sky is the limit, if you
have the talent.

연기자의 세계에서는 정말 실력만 있으면 무엇이든 이룰 수 있다
고 다들 말해.

Marge   Aren't you being too naive? You need a fair bit of luck
as well, in order to make it in that world.

조금 순진한 거 아냐? 운도 상당히 따라주어야 해, 성공하려면.

* flying too close to the
sun은 태양에 너무 가까이 날
다가 날개가 녹아서 추락해버린
그리스신화 이카로스의 이야기
에서 나온 표현으로 한계를 인정
하고 행동하라는 경고로서 쓰인
다.

06

| '(정해진 또는 허용된) 한계를 초월하다, 기대치를 넘어서다'

Push the envelope

- "What we want is to create the next computing revolution. We want to push the envelope."
우리가 원하는 것은 차세대 컴퓨터 혁명을 일으키는 것이다.
우리는 한계를 초월하기를 원한다.

　'Push the envelope'는 문자 그대로 해석하면 '봉투를 민다'인데 이게 무슨 뜻일까? 이 표현에서 envelope는 우리가 흔히 알고 있는 봉투가 아니라 1940년대 시작된 미국 공군의 test pilot program에서 그 어원을 찾을 수 있다고 한다.

　새 전투용 비행기가 출시될 경우, test pilot들이 그 비행기를 타고는, 생산 팀에서 설정한 비행능력(envelope : plane's performance capability)을 훨씬 뛰어넘어서는 비행을 시도한다고 한다. 그렇게 끝까지 가봐야 그 비행기의 실제 한계가 어디쯤인지 알 수 있으니까.

　비행술에서뿐만 아니라 일상적으로도 정해진 혹은 허용된 한계를 초월하여 시도할 때 'Push the envelope'를 사용할 수 있다.

다음은 1989년에 애플 창시자인 스티브 잡스가 한 말이다.

"What we want is to create the next computing revolution. We want to push the envelope."

우리가 원하는 것은 차세대 컴퓨터 혁명을 일으키는 것이다. 우리는 한계를 초월하기를 원한다.

Real Life Conversation

◆ Dialogue 1

Glenn   I think NASA is trying to push the envelope with its latest
        space exploration program.
        미 항공우주국이 추진 중인 우주 탐사 계획은 정말 야심 찬 듯해.

Donald Yes, it does seem that way. I mean, it's a good
        opportunity for the next generation of scientists.
        정말 그러한 듯. 차세대 과학자들을 위해 좋은 기회지.

◆ Dialogue 2

Dick   Our government seems to be pushing the envelope in
        upgrading the armed forces, don't you think?
        우리 정부가 군 현대화에 있어 정말 박차를 가하는 듯해. 안 그래?

Caspar We're seeing a year-on-year increase of 15% in
        defense funding. That is surely a bit too much.
        국방예산이 연 15% 증가율을 보이는데, 이건 너무 과한 듯.

GO THE
EXTRA
MILE!

◆ Dialogue 3

Royce   Do you think we can push the envelope on the new aircraft engine models?

신형 항공 엔진 모델 개발에 있어서 우리가 기대치를 초월할 수 있겠지?

Martin   I don't see why not? There may be some risks but we might get a raise, too!

왜 못해 우리가? 모험을 무릅써야 할지도 모르지만, 우리 돈도 더 받을 수도 있어!

◆ Dialogue 4

Winston   I know that we're pushing the envelope a bit, but let's produce around a hundred more tanks within the next ten minutes to invade the other team.

우리 좀 무리하는 거 나 아는데, 그래도 앞으로 10분 내 100여 대 정도 전차를 더 생산하여 상대 팀을 공격할까?

Dwight   Relax, we're only playing a computer game! You care too much about the game.

우리 이거 컴퓨터 게임이야, 좀 쉬엄쉬엄하자! 너무 게임에 몰입했네!

| '길잡이 표적을 새기다, 새 활로를 개척하다'

Blaze a trail

● **"Don't follow the path; blaze the trail."**
이미 있는 길을 그대로 따라가지 말고 새 활로를 개척하라

blaze는 명사로는 '나무의 껍질을 벗겨서 생긴 (경계표나 벌채표시로서) 하얀 표적'이고 동사로는 '(나무에) 표적을 새기다'라는 뜻이고, trail은 '지나간 자국', '오솔길'이라는 뜻이므로 'Blaze a trail'은 산행에서 (험한 산길을 오를 때 뒤따라오는 일행들을 위해) 나무껍질을 벗겨 표식을 내주어 길을 안내하는 것을 가리키는 표현으로써 비유적으로 '어떤 분야에서 남들보다 앞서 선도적인 역할을 한다'라는 의미로도 쓰인다.

Dr. Kim blazed a trail in the study of robotics engineering in Korea.
김 박사는 한국에서 로봇 연구 분야에서 새 활로를 개척하였다.

Don't follow the path; blaze the trail.
이미 있는 길을 그대로 따라가지 말고 새 활로를 개척하라.

Dylan   Marie Curie blazed a trail for the countless female scientists who came later.
마리 퀴리가 수많은 후배 여성 과학자들을 위해 길을 터주었지.

Pamela   That is true, but it's also the case that many other female scientists had to overcome significant discrimination.
응, 물론 맞는 말인데, 그 후배 여성 과학자들도 상당한 차별을 이겨내야만 했어.

Real Life Conversation

◆ Dialogue 1

Emmanuel   I think the new minister is trying to blaze a trail with her radically innovative approach towards welfare policy.
신임 장관이 복지 정책에 대하여 굉장히 혁신적인 접근법으로 무언가 역사를 만들려는 것 같아.

Angela   The new ones are all like that at the beginning.
새롭게 시작하는 사람들 항상 다 그렇더라.

◆ Dialogue 2

Marvin   Do you think we can blaze a trail for the next Innovation Forum?
우리가 다가오는 혁신 포럼을 위해 새로운 활로를 개척할 수 있을까?

Eleanor   Well, we certainly have enough reasons to try: eliminating hunger, combating poverty, providing quality education, and so forth.
응, 우리가 정말 그 목표를 향해 달려야 할 이유들이 상당히 많지: 기아 근절, 빈곤 퇴치, 그리고 양질의 교육 제공 등.

◆ Dialogue 3

Jerry　Will the film studio blaze a trail in their latest Sci-Fi series?

영화제작사가 최신 공상과학 시리즈로 정말 참신하게 히트를 칠까?

Meryl　We'll have to wait and see what they have up their sleeves, won't we?

그 친구들이 어떤 꼼수를 가졌는지 우리가 지켜봐야 할 것 같아, 안 그래?

◆ Dialogue 4

Nancy　Will the new product design blaze a trail with our customers?

상품 신규 디자인이 우리 고객들 사이에서 인기몰이할 수 있을까요?

Julia　Well, we have to try.

음, 시도는 해 봐야지.

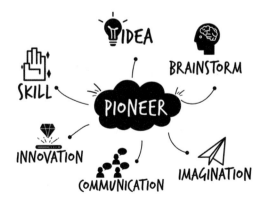

* have/keep something up one's sleeves를 직역하면 소매 안에 뭔가를 감춰두고 있다는 말이므로 유사시를 위해 몰래 준비하고 있거나 비장의 수가 있다는 의미이다.

41

08

| '수완이 좋은 사람, 일을 잘 해내는 재주꾼, 능동적인 사람'

Go-getter

● "Go-getters for the social good"
긍정적인 사회 변화를 위한 능동적인 만능 일꾼

'Go-getters'는 문자 그대로 어디든 가서(go) 원하는 것을 가진다 (getter)는 의미로써 수완이 좋은 사람이라는 뜻이다.

이 표현은 종종 'A real go-getter'로도 쓰이는데 능동적이고 활기찬 사람의 의미를 넘어, 일을 새로 시작하거나 혹은 다른 사람들을 선도하는 것을 두려워하지 않는, 사업이나 업무에서 수완이 아주 좋은 사람을 뜻한다.

애플컴퓨터를 창업하고, 자신이 만든 회사에서 퇴출당하고 나서, 다시 재기하여 애플의 성공시대를 열고 있는 스티브 잡스(Steve Jobs)는 당연히 'Go-getter'라고 할 수 있다.

Rather than tiptoeing around the edges, Kelly is a true go-getter; she takes the initiative and gets things done!

켈리는 주변을 뱅뱅 맴돌며 간을 보는 것보다는 능동적으로 일을 시작하는 사람이다; 그녀는 뭔가를 시작하고 또 완수한다.

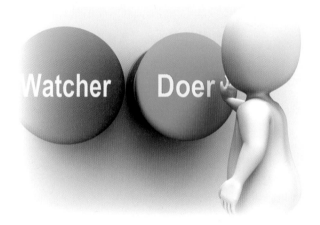

Real Life Conversation

◆ Dialogue 1

Austin　Kaylee truly is a go-getter; she takes the initiative, takes responsibility, and gets things done.
케일리는 정말 능동적인 친구야. 일을 시작하는 것을 두려워하지 않고, 자기 할 일에 책임을 지고, 또 추진력 있게 일 해나가잖아.

Sang　Yes, that is true. However, she's also a bit too headstrong for her own good from time to time.
그건 맞는 말이야. 하지만, 가끔 가다는 너무나 밀고 나가는 불도저 같기도 해. 본인이 그래서 손해를 보기도 하지.

◆ Dialogue 2

David　I really can't afford to invest in that crowd funding venture.
나 저 크라우드펀딩 프로젝트에 투자할 여력이 없어.

Laura　You're always tiptoeing around the edges. For once, be bold and take risks!
넌 항상 간만 보다 끝나. 정말 이번만큼은 대담하게 위험 감수를 좀 해 보자!

* tiptoe around the edge
주변을 발끝으로 살금살금 걸어 다니다. (주변을 뱅뱅 맴돌며 일 에 착수는 안 하고) 간만 보다.

◆ Dialogue 3

Peter   The key focus of the social entrepreneurship training
        program is to make trainees believe that they can make
        a difference.
        사회적 기업가 양성 프로그램의 주된 목적은 본인들로 하여금 자신
        이 변화의 주체가 될 수 있다는 믿음을 심어 주는 것이지.

Emily   Go - getters for the social good, eh?
        긍정적인 사회 변화를 위한 능동적인 만능 일꾼을 원한다, 이거지?

"My startup could really use
a pioneer type like you!"

EPISODE 09

MEMO

| '어떤 일에 본격적으로 착수하다, 전력투구하다'

Buckle down (to)

● "Only if we really buckle down and really stick to our low-carb diet can we actually lose weight."
우리가 정말 저탄수화물 식단 다이어트를 강행해야만 살을 뺄 수가 있어.

buckle은 혁대나 안전띠에 있는 버클로서 'Buckle down'은 동사로서 '버클을 잘 채우다'인데 옛날에 전투에 임하는 무사가 투구와 갑옷을 단단히 매는 것에서 유래하여 상징적으로 '어떤 일에 본격적으로 착수하다'의 의미로서 흔히 쓰이는 '올인하다'로 이해하면 될 것 같다.

You got to buckle down if you wanna get good grades!

여러분도 학점을 잘 받으려면 본격적으로 또 진지하게 수업에 임해야 하겠지요?

Olive   Honey, only if we really buckle down and really stick to our low-carb diet can we actually lose weight.
우리가 정말 저탄수화물 식단 다이어트를 강행해야만 살을 뺄 수가 있어.

Clark   There's no way out. Yes, honey, I'm with you too...
다른 길이 없네. 응 나도 자기랑 같이할게...

Buckle down (to) Section

46

Real Life Conversation

◆ Dialogue 1

Gerri   Should we buckle down for the rest of the night, take another break, or just sleep now and wake up early tomorrow?
우리 밤을 하얗게 불태울까, 지금 좀 쉴까, 아니면 그냥 잠을 자고 내일 아침 일찍 일어날까?

Victoria   I vote to sleep. We need a good night's rest before our final exams tomorrow.
수면에 난 한 표 던질게. 시험 전날 밤은 잠을 잘 자야 해.

◆ Dialogue 2

Steve   We need to buckle down on finishing building this software for our corporate customers.
우리 민간 기업 고객들을 위하여 이 소프트웨어 개발 완성에 올인할 필요가 있어.

Meghan   Yes, but there's more projects to come. When do we ever get a break...
응, 그런데 다른 일들도 들어올 거야. 우리 언제 쉬냐...

◆ Dialogue 3

Jennifer   The ruling party needs to buckle down and be steadfast in passing this legislation.
집권 여당은 이 법안을 통과시키는 데 있어 꿋꿋하게 임하고 전력투구를 할 필요가 있어.

Bryan   I mean, it does have a majority in the national assembly.
뭐, 국회에서도 다수 의석을 확보하고 있으니깐.

| '의욕적으로 신속하게 (새로운) 일을 시작하다, 전력을 다해 나아가다'

Hit the ground running

● "**Summer** hits the ground running."
여름이 박차를 가한다

'Hit the ground running' 직역하면 '바닥을 치고 달리다' 인데 예전에 전쟁 중에 낙하산을 타고 적진에 투하된 군인이 바로 땅을 치고 달려나가야 신속하게 임무를 수행할 수 있었다고 한다. 따라서 '전력을 다해서 일을 시작하다'라는 의미로 쓰인다.

다음은 뉴스의 일부인데 트럼프 대통령이 임기 첫 주 동안 했던 행보를 요약하고 있다.

Donald Trump Says His Administration Has 'Hit the Ground Running.' (The Wall Street Journal 2017년 1월 28일)

도널드 트럼프 대통령은 자신의 행정부는 야심 차게 전력을 다해 일을 시작해왔다고 말했다.

Janice   I feel as if my brother hit the ground running as soon as he started his new job at the marketing company.

내 남동생이 마케팅 회사에서 일 시작하자마자 성과를 내는 것 같아.

Rena   Well, given that he won over a potential buyer during the first month, you have a point!

출근한 지 한 달 만에 잠재적 바이어 한 명을 포섭하는 데 성공했으니, 말 다 했지 뭐!

Real Life Conversation

◆ Dialogue 1

Michelle   The new administration has really hit the ground running, don't you think?
정권이 새로 출범하자마자 야심 차게 일을 추진하기 시작하네, 안 그래?

Melanie   It sure seems that way. They're trying to reform many things all at once: Immigration, taxes, healthcare, defense, etc...
정말 그러한 듯. 이민정책, 세금, 보건, 국방 여러 분야에서 여러 종류의 개혁을 동시에 진행하려는 것 같아.

◆ Dialogue 2

Sheila   So, in the PhD program, I'm still a student; I can experiment with different ideas and take things somewhat easy, right?
박사 과정 중에, 저는 아직 학생 신분인 만큼, 여러 아이디어를 가지고 고민을 해보고 약간 느린 템포로 공부할 수 있는 거 맞죠?

Professor   Actually, I'd prefer that you hit the ground running and start writing papers that can be published right away in academic journals.
실은 나는 네가 곧바로 전력화되어서 학술지에 실릴 수 있는 논문들을 쓰기 시작하는 것을 선호해.

◆ Dialogue 3

Chang   I think my brother hit the ground running as soon as he started school in America.
내 남동생이 미국에서 학교 시작하자마자 대박 내는 것 같아.

Jinny   English isn't even his first language, yet he's been receiving positive comments in his advanced-level English literature class, right?
영어가 남동생의 모국어도 아닌데, 고급 영문학 수업에서 칭찬받고 있지, 그렇지?

◆ Dialogue 4

Lee   I want to hit the ground running for the New Year by finishing up my court case by the first week of January.
1월 첫째 주까지 내가 담당하고 있는 법률사항 케이스 업무를 말끔하게 처리해서 새해를 가뿐하고 힘차게 시작하고 싶어.

Sheryl   Wow, that's a great way to start off the New Year on the job!
일터에서 새해를 정말 기가 막히게 시작하는 거네!

◆ Dialogue 5

Denzel   I think I'll hit the ground running and try some new acting roles.
난 전력을 다해서 새로운 연기 역할을 맡고 싶어.

Malcolm   That would be great! A New Year and new acting roles.
멋진 생각이야.. 신년에 새로운 연기 역할이라.

M E M O

| '잘 해봐, 지금처럼만 계속해봐'
Keep up the excellent / good work

• **"Let's keep up the excellent work."**
우리 조금만 더 고생하자

'**Keep up the excellent work**'는 '(좋은 것을) 꾸준히 유지하다'라는 뜻이므로 "**Keep up the excellent / good work.**"는 '**Great job!**' 또는 '**Well done!**'처럼 '잘했다'라는 칭찬과, '**Go for it!**'처럼 '잘해봐!' '지금처럼만 계속해봐'라며 당부 또는 격려하는 의도가 모두 들어 있다. 이 말은 자기보다 윗사람한테 쓰는 것보다는 친구나 아랫사람한테 격려의 차원으로 종종 쓰인다. 새 학기에 수업을 진지하게 임해서(buckle down to a serious study) 마침내 중간고사에 A+를 받았을 때 부모님이 '**keep up the excellent work**'라고 말할 수 있다.

Ron   If the management thinks we can keep up the excellent work they'll double our bonuses!
상부에서 우리가 계속 업무 처리 잘 해나가면 보너스를 두 배로 올려줄 거야!

Mike   I could use some of that to fund my evening classes in Big Data.
그 보너스 받은 돈으로 빅 데이터 야간 수업 학비 낼 수 있겠다.

Real Life Conversation

◆ Dialogue 1

Ivan
You guys keep up the excellent work. We're ahead of schedule and that means more bonuses.
계속 수고해 줘요. 우리 일정보다 더 빠르게 일을 진행하고 있고, 이는 보너스 인상을 의미합니다.

Laurie
I hear you. I'm on track to finish on time, as is Ron.
맞습니다. 저나 론이나 일정에 맞추어 일을 마무리할 예정입니다.

◆ Dialogue 2

Marco
Let's keep up the excellent work and we'll have top graduates.
우리 계속 일 잘하고 그러면은 최상위 졸업생들을 배출할 것이야.

Mina
Yes, at the level we're educating we should see some results soon in terms of employment statistics.
실제 취업 성과 면에서 우리 정도의 교육 수준이라면 성과가 곧 나올 거야.

◆ Dialogue 3

Jaylan
Let's keep up the excellent work. We may even win the top prize in the tournament.
우리 조금만 더 고생하자. 우리가 어쩌면 시합에서 1등으로 들어올 수 있어.

Pepe
Sure, we have such an excellent manager. I can't see us making mistakes again.
동의해, 우리에겐 정말 뛰어난 감독님이 계셔. 우리는 실수를 다시 저지르지 않을 거야.

B 남녀교제

Relationship

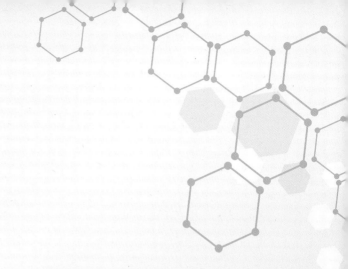

상 대방에 대해서 혼자 품고 있던 감정을 누설할 수도 있고(spill the beans) 또는 스스럼
없이 털어놓을 수도 있다(wear/have one's heart on one's sleeve). 혹은 마음을 직
접 내보이지는 않았지만, 암시적으로 표현할 수도 있고(send smoke signals) 상대방 말에서 행간
에 숨은 뜻을 읽으려고(read between the lines) 할 수도 있다. 소위 짝사랑을 할 수도 있고(carry
a torch for) 아니면 짝사랑에 고민하면서 친구에게 하소연하는 대신 용기를 내어 상대방에게 고백
하면서 실행에 옮길 수도 있다(put up or shut up). 그리고 일단 마음을 먹었으면 상대방의 마음
을 얻고 좋은 결과가 있을 때까지 밀어붙일 수도 있다(go the whole hog). 그러면 어떻게 하는 것
이 좋을까? 칭찬은 고래도 춤추게 한다는데 상대방이 내게 최고임(No one can replace you)을 끊
임없이 확인시켜주는 것은 어떨까? 그리고 교제가 시작되어 이제 눈빛만 봐도 무슨 생각을 하는지
알 것 같고 서로 통하고 있음을 느낄 때(Great minds think alike)도 있지만 사소한 일로 의견이
달라 말다툼을 심하게 하고 화해를 할 수도 있다(kiss and make up). 그러다가 헤어지게 된다면
상대방과 즐거웠던 과거의 추억에 잠길 수도 있고(take a trip down memory lane), 잊어버리려고
할 수도 있고(let (it) go), 세상에는 다른 많은 기회가 있다(There are plenty of fish in the sea.)
라고 스스로 상기하면서 위로할 수도 있다.

사람들 사이의 관계 특히 남녀교제(relationship) 상황에서 자주 쓰이는 표현들을 살펴본다.

| '비밀을 누설하다'
Spill the beans

 ● "How was your blind date last night?
　Why don't you spill the beans?"
　어제 미팅 어땠어? 무슨 일이 있었는지 다 까놓고 말해봐

　　직역하면 '콩을 쏟다'인데 '한꺼번에 콩을 다 쏟아버리는 것처럼 (비밀)이 야기를 쏟아내다'라는 의미로 무심코, 또는 의도적으로 비밀을 말했을 때 쓰는 표현이다.

　　그렇다면 '콩을 엎지르다'와 '비밀'이 무슨 관계가 있을까?

　　고대 그리스에는 콩을 이용해서 투표했는데 하얀 콩은 '찬성'을, 까만 콩은 '반대'를 나타냈다고 한다. 투표는 익명으로 진행되었고 결과는 투표가 끝날 때까지 공개되지 않았는데 투표가 끝나기 전에 콩이 들어간 단지가 쏟아져버리면 하얀 콩과 까만 콩의 비율을 알 수 있으니 투표 결과에도 영향을 줄 수 있었을 것이다.

　　따라서 'Spill the beans'라는 표현은 말 그대로 '공개되지 말아야 할 내용을 밝혀 버리는 것'을 의미하게 되었다.

하지만 굳이 이런 유래를 믿지 않더라도 spill은 구어에서 '비밀을 누설하다, 말을 퍼뜨리다(divulge)'는 뜻이므로 spill만 가지고도 '비밀을 누설하다'라는 의미를 나타낼 수 있다.

다음은 전날 소위 '미팅'을 했다는 폴에게 친구들이 궁금해서 물어보는 말이다.

How was your blind date last night? Why don't you spill the beans?

어제 미팅 어땠어? 무슨 일이 있었는지 다 까놓고 말해봐.

비슷한 말은 blurt out a secret.

Ranesh   When I talk with my friends I usually blurt out a secret.
              I simply talk too much.
              친구들이랑 이야기할 때 대개 비밀을 누설해버리게 되네.
              내가 그냥 말을 너무 많이 하나 봐.

Bill   You need to think before you speak.
              말하기 전에 생각하는 것이 필요해.

Real Life Conversation

◆ **Dialogue 1**

Jane   I didn't want to spill the beans on my boyfriend prematurely and tell him I was planning on breaking up with him after graduation.
졸업한 후에는 남자친구하고 헤어질 계획이라는 말을 서둘러서 누설하기를 원치않았어.

Jill   You shouldn't leave him in limbo. It's important to be honest in our romantic relationships.
그 남자를 불확실한 상태에 놔두면 안 되지. 남녀교제를 할 때 솔직한 것이 중요해.

◆ **Dialogue 2**

Jake   When I talk to my wife I usually blurt out a secret or two.
아내하고 이야기할 때마다 대개 비밀 한두 개쯤 흘리게 되더라.

Colin   I have the problem too. I'm glad I'm not working for any secretive government agency; otherwise I'd be in big trouble.
나도 그래. 내가 정부 비밀기관을 위해서 일하지 않는 게 다행이야. 그렇지 않다면 큰 어려움에 부닥칠 거야.

* in limbo 불확실한 상태

◆ **Dialogue 3**

David   I didn't want to blurt out a secret I've been keeping for
the last year.
작년 한 해 동안 숨겨왔던 비밀을 누설하는 것을 원하지 않았어.

Kathryn   Well, if it doesn't make any headlines I think I know
what it is, because I've been with you so long.
흠... 신문에서 크게 다룰 일이 아니라면 그게 뭔지 알 것 같은데.
왜냐면 나는 너랑 오랜 기간 같이 지내 와서 말이야.

* make/hit the headlines
신문에서 크게 취급되다. 유명해
지다.

59

❙ '더없이 솔직하다, 속을 상대에게 드러내다'
Wear/have one's heart on one's sleeve

● **"Don't** wear your heart on your sleeve **when you're
negotiating the business contract."**
사업상 계약을 하려고 할 때 너무 자기 속을 상대에게 보이지 말아라.

'Wear/have one's heart on one's sleeve'는 직역하면 '내 감정을
소매에 얹어두다'인데 원래는 잘 보이지 않는 마음(heart)이지만 누구나 볼
수 있는 소매(sleeve)에다 얹어 뒀다고 생각해 보면 쉽게 그 뜻을 이해할 수
있을 것 같다. 즉, 느끼는 감정을 숨기지 않고 언제나 솔직히 드러내는 사람
을 두고 하는 말이다.

이 표현은 중세 기사들이 궁정에서 열리는 마상창 시합에 나갈 때 자기가
숭배하는 여자의 색상과 같은 리본을 자기 팔목에 감았다는 풍습(그래서 나
중에 시합에서 승리했을 때 그 영광을 그 여인에게 바친다는 의미)에서 나왔다는
설도 있고 또 하나의 설은 중세 젊은이들이 여자들의 이름이 적힌 종이를 뽑
아 자신의 발렌타인으로 정하고 그 이름을 소매에 일주일간 달고 다닌 데에
서 유래했다는 설도 있다.

따라서 'Wear one's heart on one's sleeve'는 '자기 마음속의 감정을 모두에게 알리다', 혹은 '더없이 솔직하다'라는 뜻이다.

Paul   I've been going out with Emma for a while. I still don't know whether she is much into me.
엠마랑 한동안 데이트를 했는데 그녀가 나를 정말 좋아하는지 잘 모르겠어.

David   Oh! She is very shy; she has never worn her heart on her sleeve.
아! 엠마는 좀 수줍어하는 편이라 자기 마음을 솔직하게 드러낸 적이 별로 없어.

Real Life Conversation

◆ **Dialogue 1**

Jacky The captain of our national soccer team is very energetic and passionate when singing the national anthem at the start of each game.
우리 국가대표 축구팀 주장은 매 경기 시작할 때 국가를 항상 열정을 가지고 부르더라.

Dan I know! She really wears her heart on her sleeve. She always gives her all, too! Leading by example, indeed.
나도 알지 그건! 그 선수 정말 젖먹던 힘까지 써서 국가를 애창하더라. 정말 최선을 다하는 듯! 주장답게 말이지.

◆ **Dialogue 2**

Sonia Do you think Ruth wears her heart on her sleeve?
루쓰는 너무 자기 속을 드러내어 보이는 것 같지?

Craig Yes, for sure; she should display more tact, even when doing projects as a team member.
응 맞아. 팀의 일원으로 프로젝트를 할 때조차도 좀 더 요령을 부려야 할 것 같아.

◆ **Dialogue 3**

Grace   I think our supervisor wears his heart on his sleeve, don't you?
우리 주임은 자기 속을 너무 드러내는 것 같지 않아?

Michael   For sure, who else would actually sob after losing a company project? He's very passionate about our work, though.
응, 솔직히 회사 프로젝트 건 못 따낸 다음 우는 사람은 그 사람밖에 없을 거야. 물론 정말 일에 열심이라 그런 거지만.

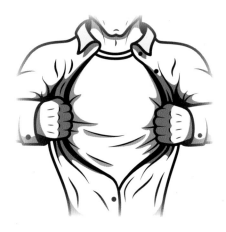

| '의도를 표현하다, 암시적인 메시지를 보내다'

Send smoke signals

● "After leaving the Organos Mountains
we had noticed Indian smoke signal."
오르가노스 산맥을 떠난 후에 우리는 인디언들의 연기 신호를 볼 수 있었다.

'smoke signal'은 봉화, 연기 신호라는 말로 예전에는 멀리 있는 사람들에게 어떤 신호를 보내기 위해서 불/봉화를 사용하였다고 한다.

다음 예문에서 보면 smoke signal이 원래 의미인 봉화의 뜻으로 쓰였다. "After leaving the Organos Mountains we had noticed Indian smoke signal." (Samuel Cozzens) (오르가노스 산맥을 떠난 후에 우리는 인디언들의 연기 신호를 볼 수 있었다).

따라서 smoke signal은 상징적으로는 (사람의 생각이나 행동을 나타내는) 신호 또는 기색을 의미하며 'Send smoke signals'는 (직접 표현하는 것이 아니라) 암시적으로 표현하는 것을 의미한다.

Marketing these days is about sending out the right smoke signals to specific segments of the customer base a company wants to target. What's new about these times is that social media can also be a site where those signals can be sent.

오늘날 마케팅은 회사가 겨냥하는 특정 고객층에게 적절한 맞춤형 메시지를 보내는 것으로 정의될 수 있다. 예전과 다른 점이 있다면 소셜 미디어가 그러한 메시지를 전달하는 하나의 장이 될 수 있다는 점이다.

Real Life Conversation

◆ Dialogue 1

Sean   I'm sorry, chief. I do not have any clue on the latest
        rumors on the cabinet reshuffle.
        과장님, 죄송해요. 정부 개각 관련 루머들에 대해서 짐작도 가지
        않네요.

Ava   You're a reporter. You should be able to detect
        meaningful smoke signals coming out of the
        government. I urge you to try one more time.
        션 씨는 기자예요. 정부에서 나오는 유의미한 힌트 잡을 수 있을
        터인데. 한 번 더 시도해 봐요.

◆ Dialogue 2

Joon   I'm wondering if China is sending smoke signals
        regarding North Korea.
        중국이 북한에 대해서 어떤 암시적인 메시지를 보내고 있는 거 아닌가.

Sunny   Apparently Beijing sent a secret envoy to South Korea
        – maybe that's something?
        중국 정부에서 비밀 외교 사절을 남한에 보냈잖아... 아마도 뭔가
        있지 않을까?

* cabinet reshuffle은 영국
또는 영국의 영향을 받은 국가들
의 정부/정권 (Cabinet)을
부분 또는 전면 개각할 때 쓰이
는 표현

* Beijing은 중국의 수도인데
문맥에 따라 '중국 정부'가 될 수
도 있고 스포츠 맥락에서는 특정
한 '스포츠팀'일 수도 있다.

◆ Dialogue 3

Milton   Do you think the Vatican is sending smoke signals about who the next Pope is going to be?
로마교황청에서 다음 교황이 누가 될지에 대해서 암시적인 메시지를 보내고 있다고 생각하지 않아?

Carla   I don't know, really. The people at the Vatican do a really good job of keeping news like that under wraps until the very last minute.
잘 모르겠어, 정말. 로마교황청에 있는 사람들은 정말로 그런 뉴스들은 마지막 순간까지 꼭꼭 잘 비밀로 유지하는 데에 재주가 있는 듯.

* Keep ~ under wraps란 표현은 무엇인가를 비밀로 유지하는 것을 말한다.

| '행간을 읽다, 숨은 의미를 파악하다, 독심술을 하다'

Read between the lines

- "You should be able to read between the lines."
  너는 그 말의 숨은 의미를 파악할 수 있어야 한다.

'Read between the lines' 직역하면 '줄과 줄 사이를 읽다, 행간을 읽다'이다.

이 표현은 암호 코드로 작성되곤 했던 군대 편지나 문서에서 유래했다.

그 암호 문서의 코드를 알지 못하면 숨겨진 의미를 알 수 없으므로 '행간을 읽다'라는 표현은 '암호 속뜻을 읽다', '(명백하게 진술되지 않았으나) 암시된 의미를 찾다'의 의미로 쓰이기 시작했다.

오늘날은 '숨은 의미를 파악하다'라는 의미로 많이 쓰인다.

If your girl friend told you that you are just a friend, you should be able to read between the lines; there is no romantic relationship between you and her.

만약 네 여자친구가 '우리는 단지 친구일 뿐이야'라고 말했다면 너는 그 말의 숨은 의미를 파악할 수 있어야 한다; 즉 너와 그녀는 로맨틱한 관계가 아니라는.

Real Life Conversation

◆ **Dialogue 1**

Condoleezza   Sometimes I have to read between the lines when I'm working because I receive only general guidance from my boss.

내 상사로부터 개략적인 지침만 받기 때문에 때때로는 그분의 의중을 조금 구체적으로 파악을 해야 해. 일할 때.

Albert   You have to really think about what your boss wants from you, right?

정말 상사가 무엇을 원하는지 많이 고민해야겠네, 그치?

◆ **Dialogue 2**

Blake   Our managing director is no longer coming to work. Is there something going on? Do I have to read between the lines?

우리 상무님 출근을 더 이상 안 하시네. 뭔 일이지? 매의 눈으로 진상을 파악해야 하나?

Cherri   It appears to be true; another guy has been at his desk as of Monday of this week.

그러게 말이야. 다른 사람이 이번 주 월요일부터 원래 상무님의 자리에 있더라고.

◆ Dialogue 3

Dean   The Prime Minister said that there would be 'major changes' made to the Cabinet. She didn't specify anything, though.
총리 각하께서 내각에 대해서 '중대한 변화'를 예고하셨네. 구체적인 언급은 없었지만 말이지.

Tony   Oh, goodness, we have to read between the lines, again. Maybe that means I'm going to get fired from my position as Foreign Minister?
아이고, 또 총리 각하 독심술을 해야겠네! 이거 원. 내가 외무장관 직에서 해임된다는 소리인가?

◆ Dialogue 4

Michael   She said that she's busy on Tuesday evening, and also mentioned that she can't go out on Wednesday after work, as she's likely to be extremely tired.
그 친구가 말하기를 화요일 저녁은 바쁘다 하고, 수요일 퇴근 후에는 아마 몸이 꽤 피곤할 거라 같이 데이트 못할 거라 했어.

Zack   I'm sorry man, but you don't even have to read between the lines on this. She's just not that into you!
친구, 미안한데, 이건 뭐 복잡하게 풀어서 이해할 것도 없네. 그 여자분 너에게 관심 없는 거야!

| '짝사랑하다, 지지하다, 충성을 다하다'
Carry a torch for

"I carried a torch for Patricia in college."
대학 시절 패트라샤를 상당히 흠모했었지.

어느 누군가를 짝사랑해 본 경험이 있는가? 'Carry a torch for'은 그럴 경우에 적절하게 쓸 수 있는 표현이다. 직역하면 '횃불을 들다'인데 횃불은 '열정'을 의미할 수 있으므로 '(짝사랑 대상에 대하여) 여전히 열정을 가지고 있다.'라는 의미로 쓰인다.

Paul has been carrying the torch for **Emma.**
폴은 엠마를 계속 짝사랑하고 있다.

'Carry a torch'의 유래 중 하나는 고대 그리스 결혼식 중 횃불 행진이 있었는데 참가자들은 신부의 원래 집에서 횃불 행진을 시작하여 신부의 새 보금자리까지 갔다고 하는데 이는 열정에 불을 지핀다는 의미였다고 한다. 하지만 '새로이 열정을 지핀다'는 의미는 현재 쓰이는 '짝사랑을 하다'와는 좀 거리가 있어 보인다.

또 하나의 유래는 어떤 이념(cause)을 사수하거나 지지하는 torch-bearer (횃불 지기)가 상징적으로 쓰여서 '(이루어지지 않은) 사랑을 사수하기 위해 길을 밝히는 데에 횃불을 들고 간다' 또는 '지지하다'는 의미로도 쓰인다.

다음에서는 carry a torch가 지지하다는 의미로 쓰인다.

They, in their own way, continued to carry the torch that Martin Luther King did. (Anthony Jones)

그들은 마틴 루서 킹 목사가 지지해왔던 이념을 나름대로 계속 사수하였다.

To torch something은 to set it on fire(열정이 들끓게 하다)로서 횃불을 들고 가는 한 여전히 사랑의 불씨는 타고 있다는 의미로도 읽힐 듯하다.

Real Life Conversation

◆ Dialogue 1

Chris   I used to carry a torch for Sue but she ended up marrying someone else. She never even gave me a chance...
Sue를 한때 짝사랑했는데 그녀는 다른 사람이랑 결혼하고 말았어. 그 친구는 나에게 단 한 번의 기회도 주지 않았지...

David   Sounds like a sad story to me. You should have found another girlfriend then.
슬픈 이야기처럼 들리네. 다른 여자 친구 찾지 그랬어.

◆ Dialogue 2

Han   I'm surprised that some people continued to be diehard communists even after the fall of the Berlin Wall.
베를린 장벽 붕괴 이후에도 몇몇 사람들은 여전히 맹렬한 공산주의자로 남아 있었다는 점이 의아하네.

Sarah   They kept on carrying the torch for Lenin and Stalin. Misguided, to say the least...
레닌과 스탈린에 대한 일종의 사상적 짝사랑을 계속한 거지. 그들의 생각은 정말 틀렸지...

* diehard 끝까지 버티는, 완고한

◆ Dialogue 3

Wayne   I'm still carrying a torch for my basketball team, even
though they haven't been to the playoffs in each of the
past five seasons.
비록 내가 좋아하는 농구팀이 지난 다섯 시즌 동안 한 번도 플레이
오프 진출을 못했지만, 나는 여전히 우리 팀을 응원하고 있어.

Paul   You are a true supporter. I admire your loyalty!
진정한 서포터네. 너의 충성심을 존경함!

◆ Dialogue 4

Jay   I carried a torch for Patricia in college until I got to know
her. Her red hair was alluring, though.
대학 시절 패트리샤를 상당히 흠모했었지. 그녀를 실제로 알기 전
까지는 적어도. 그녀의 빨간 머리카락은 정말로 매혹적이긴 해.

Joyce   Yes, she is quite a turn-off once the guys start dating
her. Granted, I'm not a fan of hers...
남자들이 패트리샤와 실제로 교제하기 시작하면, 상당히 밥맛이라
하더라. 물론, 난 그 친구랑 그렇게 친하지는 않아...

I '행동으로 보여주든지 아니면 입 다물고 있어'
Put up or shut up

"You keep saying that you're going to ask her out; put up or shut up."

맨날 그 여자한테 데이트 신청할 거라고 하더니
행동으로 보여주든지 아니면 입 다물고 있든가.

'Put up or shut up' 이 말은 복싱시합에서 유래했는데 한 선수가 다른 선수에게 내기에 판돈을 내든지 아니면 아예 싸우자는 말을 말라고 요청하였다고 한다.

'여태까지 말해왔던 것/또는 원하던 것을 행동으로 보여주든가 아니면 입 다물고 있어라'는 의미이다.

혼자서 애타게 짝사랑만 하고 있지(carry a torch) 정작 데이트신청을 못하고 있는 친구한테 다음과 같은 표현은 어떨까?

You keep saying that you're going to ask her out; put up or shut up.

맨날 그 여자한테 데이트 신청할 거라고 하더니 행동으로 보여주든지 아니면 입 다물고 있든가.

Real Life Conversation

◆ Dialogue 1

Theresa
The members of my party opposed to my leadership should put up or shut up, as their talk is weakening the leadership this country needs.
제가 총재로서 저희 당을 이끌어가는 것에 대해 반대하는 당원들은 무언가 대안다운 대안을 제시하든지 아니면 묵묵히 저를 따라 주어야 할 것입니다. 왜냐하면, 여러분들이 그렇게 계속 트집을 잡는다면 이 나라에서 정녕 필요한 지도력을 약화시키거든요.

Dominic
But ma'am, you should also talk to them, really understand why they have been critical of you.
하지만 총재님, 그러한 당원들과 그래도 소통을 하여, 그분들이 왜 총재님을 비판하는지 알아는 봐야죠.

◆ Dialogue 2

Henry
Look, I know our daughter is working really hard, but she has put up or shut up about her job. She's the one that applied for it, and she doesn't have to stay there forever; in fact, she can move to a more relaxing company after a couple of years!
나도 우리 딸이 정말 열심히 일하는 거 아는데, 그래도 직장 생활 군소리 않고 꿋꿋하게 해나가야 해. 본인이 지원해서 얻은 직장이고, 평생 거기 있는 것도 아니잖아. 한 2년 정도 후에 조금 더 편한 데로 옮길 수도 있고.

Karen
Honey, have a bit more empathy for your daughter. You yourself complained to me about your long hours back in the day.
여보, 조금 더 딸의 입장에서 생각해 봐요. 당신도 예전에 근무 시간 길다고 나한테 하소연했잖아.

I '갈 데까지 가다, (무엇을 할 때) 끝장을 볼 때까지 한다, 올인하다'

Go (the) whole hog

● "I think we should go whole hog this semester."
이번 학기에는 정말 끝을 봐야 할 듯해.

hog는 원래 돼지를 뜻하는데, 'Go whole hog'하면 '돼지를 통째로 취한다/잡아먹는다'는 뜻이다.

19세기 돼지 도살장에서 (거의 200파운드가 넘는 도살한) 돼지를 싼 가격으로 통째로 가져갈 것인지 아니면 어떤 특정 부위만 가져갈 것인지를 묻는데에서 유래했다고 한다.

그 당시 냉장고가 없었으니 도살한 돼지를 통째로 가져가는 것은 다소 심각한 일이었음을 상기해본다면 'Go whole hog'는 '갈 데까지 가다' 혹은 '(무엇을 할 때) 끝장을 볼 때까지 한다'라는 의미가 와 닿지 않는가?

또 하나의 어원은 원래 17세기 영국에서 이 'hog'가 돈이라는 뜻의 은어로 쓰였다고 하는데 'Go whole hog' 하면 '한꺼번에 돈을 다 써버려라' '돈을 한 푼도 남기지 마라'라는 의미에서 '가능한 한 모든 것을 다 한다'는 의미로 쓰인다.

요새 많이 쓰이는 "올인하다"가 비슷한 뜻일 듯.

그러면 짝사랑하면서 속만 태우고 상대방 눈치만 보고 있는 친구에게 이런 말은 어떨까?

When you love someone, never do anything by halves **but** go whole hog.

누군가를 사랑할 때는 어중간하게 하지 말고 끝장을 볼 때까지 최선을 다하라.

* do something by halves
  어떤 일을 어중간하게 하다

Real Life Conversation

◆ **Dialogue 1**

Irene   I want to go whole hog and marry my boyfriend, but I'm not seeing the same enthusiasm for me on his part.
나 실은 지금 사귀고 있는 남자친구와 결혼까지 올인하고 싶은데, 그 사람은 결혼에 대해 나만큼 의지가 없는 것 같아요.

Iris   Don't be too honest about your intentions. Pull back a bit, too – that helps.
너무 너의 의향에 대해 솔직하지 마. 조금 튕겨 – 그것도 도움이 돼.

◆ **Dialogue 2**

Shania   I think we should go whole hog this semester – we just get this done, and graduate as soon as possible.
이번 학기에는 정말 끝을 봐야 할 듯해. 이거 정말 그냥 끝내고, 최대한 빨리 졸업하는거야.

Britney   I agree. I don't want to have to take this course over again, even if it means we get a lower grade this time.
동의해. 설령 이번에 성적이 더 안 좋게 나올지라도 재수강 하기는 싫거든.

◆ Dialogue 3

George   We may have to modify some of the hardware specifications to solve the problem.
문제 해결을 위해 하드웨어 스펙 일부를 수정해야 할 듯해.

Christina   You know, that's going to cost a lot more money than scrapping the hardware itself. You know, let's go whole hog and just develop a new one!
그게 말이야, 부분 수정이 하드웨어 자체를 폐기하는 것보다 더 비용이 많이 들 듯해. 그냥 아예 새로운 하드웨어를 개발하자!

TELEPHONE   MICROPHONE   VIDEO CAMERA   STUDIO CAMERA

PHONOGRAPH   TV-SET   RADIO   CLOCK

⏢E RECORDER   FLOPPY DISK   TYPEWRITER   COMPUTEⲢ

* scrap은 명사로는 '파편, 찌꺼기', 동사로는 '해체하다'

I '(당신은 그 일에 적격이라서) 아무도 당신을 대체할 수 없다, 네가 최고다'

No one can replace you

- "My boss always says, 'No one can replace you'."
  나의 보스는 항상 '아무도 너를 대신할 사람은 없어'라고 말씀하셔.

'No one can replace you' 직역하면 '아무도 당신을 대체할 수 없다' 라는 말이니 '네가 적격이다', '네가 최고다'라는 의미이다.

Emma   Paul, you're so special; no one can replace you.
폴, 넌 내게 매우 특별한 사람이야 그리고 네가 최고야.

Paul   There is no one in the world that could replace you.
널 대신할 사람은 이 세상에 아무도 없어; 네가 최고야. 나는 너밖에 없어.

이 표현은 직무와 관련된 상황에서도 유용하게 쓰인다.

He is cut out **for this job so** no one can replace him.
그 사람은 그 일에 적임자라서 아무도 그를 대체할 수 없다.

* be cut out (for)는 문자 그
대로 하면 '~를 위해 재단되다'
이므로 '~를 위해 준비되어 있
다' 혹은 '알맞게 되어 있다', '적
임자이다'

Real Life Conversation

◆ Dialogue 1

Grace   Whenever I ask for a extended time off from work,
my boss always says, "No one can replace you." So
I now I just take Fridays or Mondays off – just longer
weekends, really.
내가 조금 길게 휴가 다녀올 수 있냐고 여쭈어볼 때마다 보스가
'아무도 너를 대신할 사람은 없어'라고 말씀하시네. 그래서 나는 이
제 금요일이나 월요일에만 연차를 하루 써. 뭐 주말 조금 길게 쉬
는 거지.

Brian   That's too bad. When we rest, we really have to rest!
그거참 안됐네. 우리 쉴 때는 확 쉬어야 하는데 말이야!

◆ Dialogue 2

Aaron   They always tell me, "no one can replace you".
그 사람들은 항상 나한테 '에론 씨 없으면 되는 일이 없다'고 말해
준다네.

Dick   Yes, without you what kind of entertainment would
Disney produce for children around the world?
당신 없이 디즈니가 온 세상 어린이들에게 제대로 된 콘텐츠를 제
작할 수 있을 거 같아?

◆ **Dialogue 3**

Anna   I've been praying for our new president-elect. No one can replace her.

우리 대통령 당선자분을 위해 나는 기도 중이야. 아무도 그분을 대체 못 해.

Martina   Don't give her too much credit yet. Wait until you see what she actually does as President!

김칫국을 좀 빨리 마시는 거 같아. 그분이 대통령직을 어떻게 수행하는지 보고 판단을 해!

◆ **Dialogue 4**

Irwin   I always thought: No one can replace him. That's what the fans said until the Beatles came on the music scene.

내가 항상 생각했던 것이, '그 사람을 아무도 대체할 수 없다'라는 것. 비틀즈가 음악 세계에 등장하기 전까지 팬들이 그렇게 말했었지.

Danny   Oh, you mean the King of Rock n' Roll, right?

아, 로큰롤의 황제를 일컫는 거 맞지?

* 'King of Rock n' Roll'은 미국의 유명한 가수 엘비스 프레슬리의 별명이다.

| '역시 우린 뭔가 통한다니까, 급이 맞는 사람들은 비슷한 생각을 한다'
Great minds think alike

● "Great minds discuss ideas. Average minds discuss events. Small minds discuss people."
대인은 아이디어를 논하고 범인은 사건을 논하고
소인배는 사람들을 논한다.

　'Great minds think alike' 직역하면 '위대한 사람들은 똑같이 생각한다' 또는 '훌륭한 사람끼리는 서로 통한다' 인데 '너랑 나랑 생각이 똑같다. 우린 뭔가 통한다'라는 의미로 쓰인다.

　동시에 위인(great minds)이라는 말은 두 사람의 생각이 꽤 괜찮은 것임을 농담조로 내포하고 있기도 하다.

　요새 흔히 쓰이는 "찌찌뽕"과 같은 말. "me too"나 "that's what I think"와 비슷한 뜻이지만 더 우아하고 재미있게 들리니 열심히 사용해도 좋을 듯하다.

주말에 무슨 영화를 볼까 이야기하던 중 라라랜드를 염두에 두고 있던 폴에게 엠마 입에서 "라라랜드"가 바로 나오네. 이 때 폴이 할 수 있는 말: "Great minds think alike." 찌찌봉!!!

이제 위인(great minds) 이야기가 나왔으니 위인(great minds)과 범인 (average minds)과 소인배(small minds)의 행동을 비교해서 서술한 루스벨트(D. Roosevelt) 대통령의 말을 상기해보자.

> "Great minds discuss ideas.
> Average minds discuss events.
> Small minds discuss people."

대인은 아이디어를 논하고 범인은 사건을 논하고 소인배는 사람들을 논한다.

Great minds think alike.

Real Life Conversation

◆ Dialogue 1

Ted   The new president's proposed policy reform for elderly care is exactly the same as mine – great minds think alike.
신임 대통령이 제안한 노인 보건 정책 개선안이 나의 안이랑 정확히 일치하네. 역시 급이 맞는 사람들은 비슷하게 생각을 하네.

Carly   Getting a bit cocky there, eh?
자신감이 하늘을 찌르는데?

◆ Dialogue 2

Steven   To win this game, we need to have a five – person defense in the second half.
이 경기에서 이기기 위해서는, 후반전에는 수비에 5명을 투입해야 해.

Frank   Great minds think alike! I was thinking the same strategy. Both of us can be good coaches!
역시 인재는 생각도 비슷해! 나도 같은 전략을 생각하고 있었어. 우리 둘 다 감독 잘하겠는데!

* cocky 건방진, 자만심이 센

◆ **Dialogue 3**

Winston   Given that we are fighting a very strong enemy, I suggest to you that we govern as a cross-party government until the war ends.

우리가 정말 강력한 적을 상대로 싸움을 하고 있는 만큼, 전쟁이 끝날 때까지 초당적 거국 내각으로 나라를 이끌어나갈 것을 제안하오.

Clement   If I may say this, great minds think alike. But seriously, I believe that your proposal is for the good of the country as a whole.

내가 감히 말하자면, 대인들은 생각이 비슷한 듯하오. 하지만 정말로, 당신의 제안이 나라 전체를 위해서 올바른 것이라 믿소.

* cross-party government
초당적 거국 내각

I '(다툰 후) 화해하다'

Kiss and make up

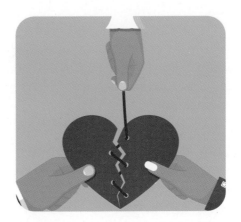

● "After having a heated argument the previous
night, Paul and Emma kissed and made up."
전날 밤 열나게 싸운 후 폴과 엠마는 화해했다.

'Kiss and make up' 직역하면 '키스하고 화해하다'인데, 반드시 키스
가 있어야 할 필요는 없고 '(서로 의견이 달라서 싸운 후에) 화해하다'라는 의
미이다.

혹은 '과거의 불화나 앙금을 다 털어내고 다시 화해하다 / 친구가 되다'는
의미이다.

After having a heated argument the previous night, Paul
and Emma kissed and made up.

전날 밤 열나게 싸운 후 폴과 엠마는 화해했다.

Real Life Conversation

◆ Dialogue 1

Jane Two of my coworkers recently had a disagreement at work.
최근 일터에서 직장 동료 두 사람 사이에 약간 언짢은 일이 있었어.

Michelle They should kiss and make up soon, though. That's what they ought to do, for the sake of others in the office.
그래도 빠른 시간 내 서로 서먹서먹한 거 풀어야지. 사무실 다른 사람들을 위해서라도 마땅히 그래야 할 듯.

◆ Dialogue 2

Darren The day after my wife and I had a fight, I cooked her favorite food for breakfast – pancakes.
나랑 집사람이 싸운 다음 날 집사람이 제일 좋아하는 음식은 팬케이크를 아침 식사로 만들어서 대접해 드렸어.

Christy You definitely know how to kiss and make up, that's for sure! Good for you!
너 정말 상한 감정 푸는 데 재주 있네! 잘했어!

◆ Dialogue 3

Calvin The two politicians kissed and made up at the sushi restaurant over drinks, even though they had been fighting for the party leadership up until a week ago.
그 두 정치인이 횟집에서 술 마시며 서로 화해하더라고. 불과 1주일 전만 해도 당 총재 자리 놓고 경쟁하던 사람들이.

Warren Wait, didn't they actually, literally kiss each other on the cheek as a sign of friendship?
그런데 그 두 사람 진짜 서로 막 볼에 우정의 표현으로 키스하지 않았어?

▌ '(즐거운) 과거를 회상하다, 회고의 정에 젖다'

Take a trip down memory lane

● "At the highschool reunion, we were just taking
a trip down memory lane and recalling
the days of our youth."
고등학교동창회에서 우리는 젊었던 시절을 대한 회고의 정에 젖었다.

'Take a trip down memory lane' 직역하면 '추억의 길들을 주욱 걷
다' 인데 반드시 추억의 길들을 실제로 걸을 필요는 없고, 우리의 '과거 기억
의 회로를 더듬어가다' 정도로 이해하면 될 듯하다.

이 표현은 '과거의 (즐거운)행적들 또는 기억들을 회상하다'의 의미로서
주로 즐거운 기억(fond memory)일 경우 쓰인다.

My grandfather spends more time taking trips down memory lane these days than talking about the present.

우리 할아버지는 요즈음 현재에 대해서 말씀하시는 것보다는 회고의 정에 젖는 일이 더 잦으신 것 같다.

At the highschool reunion, we were just taking a trip down memory lane and recalling the days of our youth.

고등학교동창회에서 우리는 젊었던 시절을 대한 회고의 정에 젖었다.

Real Life Conversation

◆ Dialogue 1

Taehoon   Whenever I go back to Seoul, I take a trip down memory lane and visit my old neighborhood.
서울에 돌아갈 때마다, 내가 예전에 살았던 동네를 방문해서 추억에 심취하지.

Tyler   Are the buildings that you grew up with as a child still there?
어릴 때 있었던 건물들이 지금도 있어?

◆ Dialogue 2

Katie   Our 10 - year school reunion is coming up next year.
내년에 우리 고등학교 졸업 10주년 동창회가 있네.

Matt   Goodness, it's already been ten years since we graduated! Are you ready to take a trip down memory lane?
어머, 세상에, 졸업한 지 벌써 10년이야 우리! 우리 과거 회상할 준비 되어 있어?

◆ Dialogue 3

Donna   I love doing the twist – it's such a fun dance!
         저 트위스트 춤추는 거 좋아해요. 정말 재미있는 춤이죠!

Julian   If I was even ten years younger! You just made me take
         a trip down memory lane back to my younger days.
         내가 10년만 더 젊었다면! 도나 덕분에 내 젊은 시절로 되돌아가게
         된 듯.

23

Ⅰ '그대로 둬, 그쯤 해둬, 신경 쓰지 말고 잊어버려'

Let (it) go

● "Let it go, let it go. Can't hold it back anymore."
그냥 내버려 둬. 잊어버려. 더 이상 그걸 참고 있을 수 없어.

　　'Let (it) go' 직역하면 '무엇인가를 가게 하다' 인데 '(신경 쓰이는 일 같은 것을) '그냥 지나가게 놔둔다' 또는 '신경 끈다'라는 의미로 쓰인다.

　　다음은 <인디아나 존스: 최후의 성전의 결말>에서 헨리 존스가 절벽에 떨어진 성배를 차마 포기하지 못하는 아들 인디아나 존스를 설득하면서 하는 말이다.

　　"Indiana, let it go. (인디아나, 그냥 놔둬)"

　　'그냥 놔둬'는 '잊어줘'라는 의미도 포함하고 있다.

　　그 유명한 겨울왕국의 주제가의 Let it go 중 몇 소절 기억나는가?

　　Conceal, don't feel. Don't let them know. Well now they know. 감춰, 느끼지도 말고. 그들이 알지 못하게 하라고. 근데 이제 그들이 알고 있네.

Let it go, let it go. **Can't hold it back anymore.** Let it go, let it go. **Turn away and slam the door.**

그냥 내버려 둬. 잊어버려. 더 이상 그걸 참고 있을 수 없어. 그냥 내버려 둬. 잊어버려. 돌아서서 문을 닫으라고.

I don't care what they're going to say. Let the storm rage on. The cold never bothered me anyway.

그들이 뭐라고 말하든 난 상관 안 해. 폭풍이 휘몰아치라고 해. 추위도 날 절대 괴롭힐 수 없을 테니까.

Real Life Conversation

◆ Dialogue 1

James   For a very long time, I had wanted to attend law school, but I let it go after I got a master's degree.
정말 오랫동안 법대 진학을 희망했었는데, 석사 학위 받은 뒤 그건 내려놓았어.

Mitch   That's understandable. You still achieved a lot, though!
그거 충분히 이해되네. 그래도 이룬 거 많아 너!

◆ Dialogue 2

Yvette   Sometimes I have to let it go with what my boyfriend tells me about his plans for us.
남자친구가 우리 미래에 대해 이야기할 때 그냥 한 귀로 듣고 한 귀로 흘려야 할 경우가 있어.

Andrea   Me too, I listen but just let it go because I'm not really interested in going in that direction or doing those kind of things.
난 그냥 듣긴 듣는데 그렇게 신경 쓰지는 않아. 왜냐하면, 그렇게 계획 세우거나 그러한 방향으로 나아가는 것에 대해 그다지 관심이 없거든.

◆ **Dialogue 3**

Ethel   I don't really like paying for my textbooks, especially
        with my high tuition.
        정말 등록금도 비싼데, 교과서까지 내 돈 들여 사고 싶지 않아.

Nathan Yes, it's unfortunate that you have to pay. I guess you'll
        have to let it go or not graduate.
        정말 좀 너무하네. 그런데 졸업하려면 그냥 참아야지.

MEMO

| '세상에는 다른 많은 기회가 있다'

There are plenty of fish in the sea

● "Don't cry over Emma.
There are plenty of fish in the sea."
엠마 때문에 울고불고하지 마. 세상에 널린 게 여자야.

'There are plenty of fish in the sea' 직역하면 '바다에는 물고기들이 지천으로 널려있다'는 말이고 상징적으로 말하면 '세상에는 다른 많은 기회가 있다'는 말이다. 연애나 취업에 실패했을 때 위로해주면서 할 수 있는 표현이다.

실연의 슬픔에 젖어있던 폴에게 친구인 데이비드가 한 말은....

Don't cry over Emma. There are plenty of fish in the sea.
엠마 때문에 울고불고하지 마. 세상에 널린 게 여자야.

Real Life Conversation

◆ Dialogue 1

Mark
: After my last girlfriend rejected me I had to convince myself that there are plenty of fish in the sea.
마지막 여자 친구가 날 찬 이후로 세상에 그래도 여자는 많다는 점을 스스로에게 상기시켜야만 했어.

Keira
: You were right – now you have a new girlfriend who treats you much better than before!
응, 네 말이 맞았네. 이제 그 전 여자 친구보다 훨씬 잘해주는 새로운 여자 만났으니깐!

◆ Dialogue 2

Glynis
: I've found that if one boyfriend leaves me, there are plenty of fish in the sea. I can date more casually.
남자친구 한 명이 나를 떠나도, 세상에 남자 많잖아. 조금 더 가볍게 만날 수도 있고.

Jean
: Yes, I've had the same experience, but I still think that dating more seriously has its benefits.
응, 나도 똑같은 경험을 했어. 그런데 진지하게 사람 만나는 게 여전히 장점이 있더라.

* land (a job)
(애쓴 결과로) 일자리를 얻다

◆ Dialogue 3

Rachel
: I thought I'd have a new job by now, but I always blow the interviews.
이 시점에서는 내가 새로운 직장에 취직해 있을 줄 알았는데, 항상 면접을 망치더라고 내가.

Matt
: Oh, you have to keep trying. There are plenty of fish in the sea. Just keep applying until you land a job.
포기하지 말고 계속 구직을 해야 해. 널린 게 회사야. 취직될 때까지 계속 다른 회사들에 원서 넣어.

| '작은 연못에 있는 큰 물고기, 주위환경보다 능력이 출중한 사람'

Big fish in a small pond

● "Our company is so small I feel like a big fish
in a small pond."
우리 회사가 너무 영세해서 가끔은
내가 너무 시야가 좁아지는 것이 아닌가 생각이 들어.

작은 연못에 큰 물고기가 살면 맘대로 헤엄치며 돌아다니기에 너무 좁을 것이므로 사람에 빗대어보면 자신의 큰 뜻과 의지를 펼치는 데 있어서 주변 환경이 좁아 활동무대가 제한적이라는 의미이다.

이 표현에서 big fish는 '중요하고 영향력 있는 사람'을 의미하고 small pond는 '별로 중요하지 않은 기관 또는 환경'을 의미하므로 'Big fish in a small pond'는 주위환경이나 주위 사람들보다 능력이 더 출중한 사람 또는 본인의 활동무대가 본인이 능력보다 너무 좁다고 할 때 사용된다.

다음 예문을 살펴보자.

"Mr. Kim has a Ph. D in engineering. Yet he's content with running a small business in a rural area; he prefers to be a big fish in a small pond."

김 사장은 기계공학 분야에서 박사학위를 소지한 재원이지만 시골에서 중소기업을 운영하는 것에 만족한다. 아마도 김 사장은 작은 연못의 큰 물고기로 남는 것을 선호하는 듯.

혹은 작은 그룹이나 조직에서는 큰 역할을 수행하는 사람이지만 큰 그룹에서는 그 영향력이나 파워가 없는 사람을 뜻하는 경우도 있으므로 문맥에 따라 해석하여야 한다.

또는 세상 물정도 모르고 작은 곳에서 실력을 뽐내고 자랑하는 사람을 의미하고 이 경우 '우물 안 개구리'로 해석될 수 있으므로 문맥에 따라 달라짐에 유의할 것.

Real Life Conversation

◆ Dialogue 1

Corinne | When I go to these small group meetings I often feel like a big fish in a small pond.
이런 소그룹 모임을 나갈 때마다 내가 정말 대접을 잘 받는다고 생각이 들어.

Beth | Me too; they always acknowledge my expertise, and I don't even have a master's degree yet.
나도. 소그룹 사람들이 항상 내 전문지식을 인정해주는데, 나 아직 석사 학위도 없어.

◆ Dialogue 2

Phillip | As a pretty physically fit person, even while undergoing military training I felt like a big fish in a small pond. That is, until I ran into that one drill instructor...
내가 상당히 몸을 잘 관리하는 편이라, 군대 훈련받을 때도 약간 애들 장난 같았어. 그런데 말이야, 그 교관 한 명 만난 다음에는...

Phyllis | I'm really surprised that you found the military easy, if only at the very beginning of your service!
아무리 군 생활 초기라 해도, 군대를 쉽게 생각했던 거 자체가 정말 놀랍다!

◆ **Dialogue 3**

Ryan   I love this job, but our company is so small I feel like a
           big fish in a small pond.
           내 일을 정말 좋아하긴 하는데, 우리 회사가 너무 영세해서 가끔은
           내가 너무 시야가 좁아지는 것이 아닌가 생각이 들어.

Michael   That's the nature of the profession. Let's accept things
           as they are.
           우리 하는 일 특성이 원래 그래. 현실을 있는 그대로 받아들이자.

26

┃ '큰 연못 안에 있는 작은 물고기, 보잘것없는 존재'

Small fish in a big pond

- "I feel like I'm a small fish in a big pond."
  내가 초라하게 느껴졌다.

'A small fish in a big pond'는 큰 연못 안에 있는 작은 물고기이므로 보잘것없는 존재 혹은 존재감이 적다는 말로서 "I feel like I'm a small fish in a big pond." 내가 초라하게 느껴졌다.

다음과 같은 속담도 기억하면 좋을 것 같다.

'Better a big fish in a little puddle than a little fish in a big puddle.'

큰 연못 안에 있는 작은 물고기보다는 작은 연못 안에 있는 큰 물고기가 낫다.

Real Life Conversation

◆ Dialogue 1

Justin   Every time I work on a project in Hollywood I feel like a small fish in a big pond.
할리우드에서 프로젝트 참여할 때마다 느끼는 게, 나 정도는 정말 별거 아니구나 생각이 들어.

Janet   I mean, it is Hollywood, after all. The best talent around the world works at Hollywood!
할리우드잖아. 세계에서 내노라하는 사람들이 다 그곳에서 일하지.

◆ Dialogue 2

Joe   I always felt like a small fish in a big pond in high school, as it had over 2,000 students, all selected from the best middle schools in the country.
고등학교 시절 정말 나는 스스로 하찮게 느껴졌었어. 우리 고등학교는 전국에서 내노라하는 중학교들에서 선발된 2,000명이 넘는 학생들이 있었거든.

Eve   You experienced social pressure a bit too early. I'm sorry to hear that...
너무나 어린 나이에 사회의 쓴맛을 경험했네. 고생이 많았겠다...

◆ Dialogue 3

John   I used to make very good grades until I went to get my J.D. at Yale Law School. Now I feel like a small fish in a big pond.
예일 법대에 가기 이전까지 나는 공부 상당히 잘하는 편이었어. 그런데 법대가서는 존재감이 없어진 것 같아.

George   It's not just you – law professors grade students on a harsh curve.
너만 그런 거 아냐. 법대 교수들이 성적을 상당히 짜게 주는 편이야.

* harsh curve: curve가 상대평가이므로 harsh curve는 점수를 짜게 주는 것을 의미

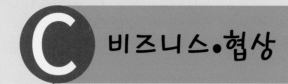

C 비즈니스·협상

Business Negotiation

대화는 인간관계의 핵심이다. 일상생활에서이든 업무 상황에서든 솔직하게 요점부터 이야기하는 것도 매우 중요하다. 비즈니스 협상을 시작할 때, 솔직하게 요점을 까놓고 말하고(Let's talk turkey), 거두절미하고 본론으로 들어가기도 하며(cut to the chase), 자신에게 유리한 것만 편향적으로 선택하여 과대포장(cherry pick)을 할 수도 있고, 혹은 숨겨놓은 비장의 무기(have an ace in the hole)가 있다면 이를 턱 하니 꺼내어 사용하면서 협상을 성사시킬수도 있다. 혹은 협상 과정에서 상대방이 공격한다면 같은 수위로 맞대응도 하고(fight fire with fire) 동일한 전략을 사용하여 경쟁사의 전략을 무마시킬 수도 있다(beat someone at their own game). 여전히 자신의 의견이 맞는다고 생각하면 자신의 주장이나 정책을 (외부압력에 굴하지 않고) 계속 밀고 나가기도 하여(double down on) 아주 능수능란한 흥정의 귀재처럼 대응할 수도 있다 (wheel and deal). 하지만 때로는 상대방과의 의견 차이를 좁힐 수 없음을 깨닫고 상대방에게 난네 의견에는 동의할 수 없지만, 당신 좋을 대로 해("whatever floats your boat")라고 말할 수도 있고, 혹은 더 이상 논쟁을 계속하는 것이 양측에게 다 불리하다고 생각될 때 "일단 이렇게 덮어두자"("Let's agree to disagree.")고 해놓고 입장이 서로 다른 사람들과의 관계를 개선하기도 한다 (mend fences).

다음은 이러한 상황에서 두루 쓰일 수 있는 유용한 그리고 "있어 보이는" 산뜻한 표현들이다. 또한, 각 표현은 유래를 가지고 있기 때문에 유래를 기억하면 머리에 쏙쏙 들어올 것이다.

| '(종종 비즈니스 흥정 맥락에서) 솔직하게 요점을 까놓고 이야기하다'

Let's talk turkey

● "Let's talk turkey **on tomorrow's interview.**"
거두절미하고 내일 있을 면접에 대해서 솔직하게 이야기해봅시다.

칠면조는 미국개척 초기부터 추수감사절에 주로 식탁에 오르는 음식으로서 초기에 'talk turkey'는 '(추수감사절 만찬에서 오가는 즐거운) 대화'라는 의미였으나, 요새는 '(주로 비즈니스 흥정맥락에서) 솔직하게 요점을 까놓고 이야기하다'의 의미로 쓰인다.

이러한 의미는 미국개척초기에 인디언과 백인이 함께 포획한 사냥감을 놓고서 오간 대화에서 유래한다는 설도 있다. 백인이 "I'll take the turkey and you the buzzard, or you take the buzzard and I the turkey," (내가 칠면조 가져가고 너는 독수리 가져가든지 아니면 네가 독수리 가져가고 내가 칠면조 가져가든지)라고 말하자 인디언이 "Talk turkey to me." (칠면조 원한다고 까놓고 이야기해)라고 대답했다고 한다. 이 일화가 사실인지 아닌지는 확인할 길이 없지만 이러한 흥정에서 쓰이는 의미는 약 1840년대부터 사용되었다고 한다.

예를 들면 (사업상 흥정에서) 서로 우회적으로 상대방 눈치만 보고 있지 말고 솔직한 거래를 원할 때 다음과 같은 표현이 어떨까?

"Don't call me until you're ready to talk turkey."
요점 까놓고 이야기할 준비가 될 때 연락하세요.

칠면조와 관련된 표현을 하나 더 소개하자면 앞서 'talk turkey' (솔직하게 다 까놓고 이야기하다)에 '에누리 없이, 직설적인'이라는 의미의 'cold'가 덧붙여진 표현인 'cold turkey'는 '솔직하고 노골적인 이야기'라는 의미이다. "Go cold turkey"라는 표현은 무언가를 갑자기 끊는 의미도 된다.

Dean   I've quit drinking alcohol cold turkey as of today. My
        liver can't handle alcohol anymore.
        저는 오늘부로 술을 확 끊었어요. 간에서 술을 이제 감당 못하더라
        고요.

Sally   You are brave for having done that!
        결단력 있네요!

111

Real Life Conversation

◆ Dialogue 1

Ryan
I haven't got much time before I report to my boss.
상사에게 보고하기 전 시간이 얼마 없어요.

David
Suits me. Let's talk turkey – how much cash does your company want from us?
뭐 괜찮아요. 그렇다면 거두절미하고 본론으로 들어가죠 – 그쪽 회사에서 얼마만큼의 현금을 저희로부터 원하는 거죠?

◆ Dialogue 2

Joseph
Smith
Now that it's Thanksgiving, let's talk turkey about our new business deal.
추수감사절도 오고 했으니 우리 새로이 시작하는 사업에 대해서 솔직하게 협상해 볼까요.

Ava
Sure, Mr. Smith, but we should go see our families first for Thanksgiving.
물론이죠, 스미스 씨, 하지만 추수감사절인데 가족부터 봐야 될 것 같아요.

◆ Dialogue 3

Aiden   Let's talk turkey **on tomorrow's interview.**
         거두절미하고 내일 있을 면접에 대해서 솔직하게 이야기해봅시다.

Sofia   **Sure, we'd better find the right candidate to** keep **this**
         business afloat.
         네. 우리 사업을 계속 유지할 수 있도록 하는데 적절한 지원자를
         뽑는 게 나을 것 같아요.

◆ Dialogue 4

Phil   **Ok,** let's talk turkey**! So you're out of work with nothing**
         to do. What will you do?
         그러면 확 까놓고 이야기해보자. 이제 실직해서 할 일도 없는데 앞
         으로 뭐 할 거야?

James   **Maybe I'll become a** jack-of-all-trades**?**
         아마도 뭐든지 잘 하는 사람이 되겠지?

* keep afloat는 '가라앉지
않도록 하다' 혹은 '빚을 지지
않게 하다'이므로 keep the
business afloat는 '회사 상황
이 나빠지지 않고 계속 발전할
수 있게 하다'는 의미한다.

* Jack-of-all-trades는 무슨
일이든 대충은 하는(아는) 사람
혹은 팔방미인을 의미한다.

| '(쓸데없는 말 하지 않고) **본론으로 들어가다**'
Cut to the chase

● "Let's cut to the chase on this project!"
이 프로젝트에 대한 이야기로 바로 들어갑시다.

chase는 추격이라는 말인데 이 표현을 이해하기 위해서는 서부영화의 추격 장면을 상기해보자.

'Cut to the chase'에서 'cut'이 편집(editing)이라는 의미이므로 '추격 장면으로 바로 가라'는 말로서 다 알다시피 서부 영화에서 가장 흥미진진한 장면이 추격 장면이라고 할 수 있다.

하지만 그 전에 '지루한 장면들, 예를 들면 어떻게 추격전에 이르게 되었는지에 대한 배경 등을 에디팅하고 추격 장면으로 바로 가자'라는 말이 영화 제작진들 사이에서 쓰였다고 한다.

따라서 'Cut to the chase'는 '(쓸데없는 소리 없이) 토 달지 않고 본론으로 들어가다'라는 의미로 쓰인다. 비슷한 표현은 "Get to the point"이다.

Alrighty, Let's cut to the chase. How much does it cost?

자 본론으로 들어가서... 얼마예요?

I don't have time to chew the fat. Let's cut to the chase and tell me what you really want.

잡담할 시간이 없으니 본론으로 들어가서 네가 정말 원하는 게 무엇인지 말해봐.

* chew the fat: 잡담하다

Real Life Conversation

◆ **Dialogue 1**

Jim — I'll have to first give you the background of the case. Here is...

우선 이번 케이스 관련해서 배경 설명을 해드려야 할 듯해요. 여기 보시면...

Mercy — Don't mean to be rude, but let's cut to the chase; what happened in the case itself, and what should the company do in response?

실례지만, 곧바로 본론으로 들어가도록 하죠. 일단 케이스 자체를 설명해 주시고, 회사에서 어떤 대응을 해야 하는지 말씀해 주실 수 있을까요?

◆ **Dialogue 2**

Mike — Officer, I have my rights. I can list each and every single one of them!

이보시오 경관, 나도 내 권리가 있어. 일일이 하나하나 조목조목 열거할 수 있다고!

Officer — OK, son, let's cut to the chase here, and I ask you one simple question, yes or no: Were you at the George Hotel at 1 p.m. on Friday?

이봐, 토 달지 말고 까고 이야기하자. 예 아니오로 답할 수 있는 질문 하나 던질게: 금요일 오후 1시, 죠지 호텔에 있었어?

◆ Dialogue 3

June   Gary, why did you buy that new car?

게리, 너 저 새 차 왜 산 거야?

Gary   Let's cut to the chase. I have a new job so I wanted to improve my image.

본론부터 이야기하자면 내가 이번에 새 직장을 구했거든. 그래서 내 이미지를 좀 개선하고 싶어서.

◆ Dialogue 4

Karl   Let's cut to the chase on this project! We can't afford to waste the taxpayer's money!

이 프로젝트에 대한 이야기로 바로 들어갑시다. 우린 더 이상 국민의 세금을 낭비할 수 없어요.

Daniel   Sure let's discuss the details and make sure we're going in the right direction.

물론이죠. 그럼 세부사항을 의논하여 올바른 방향으로 나가도록 합시다.

◆ Dialogue 5

Ellen   I was short on time so I cut to the chase and asked him if he had remarried.

내가 시간이 좀 없길래 거두절미하고 본론으로 들어가서 그 남자에게 재혼했는지 물어봤어.

Rick   He's probably grieving from the first matrimonial experience.

아마 그 남자는 첫 번째 결혼 경험 때문에 아직도 마음 아파하고 있을 거야.

29

❚ '가장 좋은 것, 최상의 것을 매우 신중하게 고르다, 옥석만 가리다'

Cherry pick

● "We can't cherry pick applicant by applicant for
literally the best marketer."
문자 그대로 가장 뛰어난 마케팅 담당자를 선발하기 위해서
지원자마다 옥석을 가릴 수는 없다.

'Cherry pick'은 말 그대로 체리 따기를 뜻하는데, 이 말은 체리 나무에서 열매를 딸 때 아주 잘 익은 것만 주의 깊게 골라서 따는 것에 비유해서 '가장 좋은 것, 최상의 것을 매우 신중하게 고르다', '우수한 것을 주의 깊게 선택하다'를 의미한다. 다시 말하면 다양한 집단 안에서 가장 좋은, 또는 목적에 가장 잘 맞는 것, 혹은 그런 사람만 쏙쏙 뽑는 것을 뜻한다.

한편으로 cherry picking은 부정적인 뉘앙스를 가질 수도 있는데, 종종 합리적이거나 객관적이기보다는 자신의 이익이나 주관 쪽으로 많이 편향된, 특히 부당할 정도로 편향되어 있을 경우를 암시한다. 이는 체리를 수확할 때에는 나무에 열린 체리 중에서 가장 잘 익고 탱탱한 녀석만 골라서 따고 보잘것없는 녀석은 따지 않을 텐데, 그렇게 수확된 체리만 본 사람은 그 과수원의 모든 체리가 다 그렇게 잘 익고 탱탱할 것이라고 착각하기 쉽다.

즉, 전체 중 일부만 취사선택하여 그것만 보여주면 그걸 본 사람들은 전체가 다 그럴 거라고 착각하기 쉬운 현상을 표현하는 비유에서 유래되었다고 한다.

최근에 영국에서 Brexit 관련해서, 영국이 EU 회원국 지위를 포기하면서도 EU의 특혜 몇몇을 누리려는 사례를 언급할 때 'cherry picking'이라는 표현도 사용되었다.

For the purpose of cohort solidarity, we can't simply cherry pick only individuals who are fast learners; we have to also be patient with their classmates who are somewhat slower.

동기들 간 결속을 고려해서, 우리는 단순히 지금 당장 빨리 배우는 이들만을 가려서 사용할 수는 없다. 우리는 다소 느린 그들의 동기들에게도 기회를 주어야 한다.

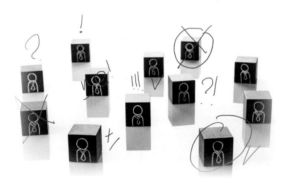

* cohort solidarity
  동기간 결속

Our aim is to show an overall picture, not to just cherry pick the gems which we hope will turn up.

우리의 목표는 패를 뒤집을 수 있는 옥석만 가리는 게 아니라 전반적인 그림을 제시하는 것이다.

예문에서와같이 이 표현은 논란이 되는 이슈가 있을 때, 수많은 정보 중에서 내가 지지하는 주장과 일치하는 것만 골라내서 묶어 보여주고 그렇지 않은 주장은 싹 무시해 버릴 경우에 사용되기도 한다.

Real Life Conversation

◆ Dialogue 1

Tony I am against eliminating the graduate student tax waiver in the legislation, but I am OK with other parts of the legislation.
이번 입법안에 포함된 대학원생 등록금 면세를 없애는 부분에 대해서는 반대하지만, 입법안의 다른 부분들에 대해서는 크게 문제가 없는 듯해.

Calvin It's good to have specific, nuanced opinions, but in the end, you either vote for or against the entire legislative package; you cannot cherry pick!
뉘앙스 있고 구체적인 그런 입장을 가지는 것은 좋아. 하지만 결국에는 해당 입법안 자체를 두고 투표하는 거야. 몇몇 옥석만 가릴 수는 없는 노릇이지!

◆ Dialogue 2

Joe I like Luke, but I'm not a huge fan of Phil, nor am I necessarily fond of Chris, although I can tolerate him from time to time.
나는 루크를 좋아하지만, 필을 그리 좋아하지는 않고, 크리스도 그렇게 내가 마음에 들어 하는 편은 아냐. 물론 크리스는 가끔가다 괜찮을 때도 있지만.

Mandy Luke, Phil, and Chris are practically one unit; you can't really cherry pick one individual without substantially eroding their effectiveness at work.
루크, 필, 크리스 사실상 한 몸이야. 한 사람만 딱 고른다면 그 셋 모두의 업무 능률을 저해시킬 것이야.

* tax waiver 세금 면제

* vote for or against
찬성투표(vote for) 또는 반대투표(vote against)

◆ Dialogue 3

Malcolm   I can't cherry pick my time for bird watching. I can only do it when they are around.
들새 관찰하는 시간을 내 맘대로 선택하기가 힘드네. 사실 새들이 있을 때만 관찰할 수 있으니까.

Bob   That's too bad. That's probably why I'm not a bird watcher.
안되었네. 그래서 난 조류관찰자가 아닌 것 같아.

◆ Dialogue 4

Joe   We need to hire a new marketer as soon as possible.
가능하면 빠른 시일 내에 새로운 마케팅 담당자를 뽑아야 됩니다.

May   I agree; we can't cherry pick applicant by applicant for literally the best marketer. For now, let's pick the applicant who may not have the best educational credentials, but who can get a job done for us right away.
그래야죠. 근데 문자 그대로 가장 뛰어난 마케팅 담당자를 선발하기 위해서 지원자마다 옥석을 가릴 수는 없으니 현재로서는 학벌이 뛰어난 사람보다는 우리에게 필요한 일을 즉시 해결할 수 있는 지원자를 뽑읍시다.

* bird watcher
새들 바라보는 것을 즐기는 사람

* credentials
신임장, 자격증명

EPISODE

30

M E M O

| '비장의 무기가 있다'

Have/keep an ace in the hole

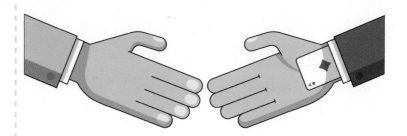

● **"It's always nice to** keep an ace in the hole.**"**
비장의 무기를 가지고 있다는 것은 좋은 일이야.

'Have/keep an ace in the hole' 직역하면 '뒤집어져 있는'(in the hole) 카드 속에 에이스 카드가 있다'라는 말로 'an ace in the hole'은 포커 게임에서 상대방이 눈치채지 못하게 뒤집어 놓은 에이스 카드로서, 즉 '비장의 무기, 숨겨놓은 유리한 점이 있다'라는 말이다.

Troy   That was a great commercial. It's always nice to keep an ace in the hole.
광고 참 잘 만들었더라고. 뭔가 비장의 무기를 가지고 있다는 것은 좋은 일이야.

Kim   Yes, teaching doesn't pay much in this country so I can make extra on the side.
맞아. 우리나라에서는 가르치는 직업이 돈이 좀 안 되니까 추가로 일을 해서 돈을 벌 수 있지.

Have/keep an ace in the hole

 Section

122

Real Life Conversation

◆ Dialogue 1

Rick   The incumbent president is trailing in the polls, with only a week to go before the election.
선거일로부터 1주일 남은 이 시점에, 현직 대통령께서는 여론조사에서 뒤처지고 있어요.

Marvin   Knowing her, I wouldn't rule her out just yet. I speculate that a last-minute proposed tax cut for the middle class may very well be her ace in the hole.
제가 아는 대통령님은 그렇게 쉽게 질 분이 아닙니다. 제가 예측하기로는, 선거 직전 중산층을 위한 세금 감면 정책을 제시함으로써 현재 위기를 극복하실 수 있지 않을까 생각해요.

◆ Dialogue 2

Tony   Sports players often don't like to be on the bench, even if they are valued by the coach and their teammates for being able to make an impact off the bench almost immediately.
운동선수들은 벤치 신세 지는 것을 별로 안 좋아해요. 설령 그들이 교체선수로 투입되어 활약을 하는 것에 대해서 감독과 동료들의 신임을 받고 있어도 말이죠.

Jane   Better to start every match than to be an ace in the hole substitute, right?
필살기 교체 멤버보다는 꾸준하게 매 경기를 주전으로 출전하고 싶다, 이거죠?

* incumbent 현직(재직)의

* trail in the poll
  trail은 질질 끌며 가다는 의미이므로 train in the poll은 '여론조사에서 뒤처지다'라는 의미

* rule someone/something out 무엇 또는 누군가를 배제하거나, 누군가가 승리하거나 무언가를 획득할 가능성을 사전에 배제하는 것을 의미한다. 'write someone/some-thing off'와 동의어임.

123

I '(공격이나 협박에) 상대와 똑같은 수법으로 맞대응하다'

Fight fire with fire

● "There is a difference between stooping low
and fighting fire with fire."
저자세로 있는 것과 상대방과 똑같은 수법으로 맞대응하는 것과는 차이가 있다.

이 표현은 19세기 미국 정착민들 사이에서 실제 행하여졌던 불 끄기에서 유래되었다.

이들은 초원이나 숲에서 화재가 발생했을 때 맞불('back-fire')이라고 일컬어지는 통제 가능한 작은 불을 거대한 불이 진행되는 방향에 미리 의도적으로 놓아 더 이상 불길이 번지지 않고 꺼지도록 함으로써 초원과 숲을 보호했다고 한다.

오늘날은 '상대방의 공격이나 협박에 똑같은 수법으로 치열하게 맞대응하다'는 의미로서 '눈에는 눈으로 앙갚음하다'와 일맥상통한다고 할 수 있다.

After the opposition politician resorted to digging up unsavory details of the mayor's past, the mayor decided to fight fire with fire, responding with almost exactly identical attacks on the opposing candidate.

시장의 부끄러운 과거를 반대파 정치인이 조명하자, 시장은 이에 응당한 반격을 하였는데, 사실상 똑같은 종류의 정치적 공격을 그 정치인에게 가했다.

Even if my opponent criticizes members of my family, I will not fight fire with fire; I will refrain from doing the same.

나의 반대편이 내 가족들을 비판한다 해도, 나는 그러한 똑같은 대응을 하지 않을 것이다.

If someone attacks me by bringing up problems I had in the past, I'll fight fire with fire and do the same by finding out things about their past.

누군가 나의 과거를 들추어내어 나를 공격하면 나도 그들의 과거를 들추어내어서 똑같은 방식으로 대응할 것이다.

* dig up
황무지를 파서 일구다, 발굴하다, 또는 조사해서 밝히다

* unsavory
맛없는, (도덕적으로) 불미스러운

An eye for an eye, at the end both blind.

Real Life Conversation

◆ Dialogue 1

Greg   You have a reputation as an ethical politician. I advise
        you to focus on preserving that reputation of yours.
        당신은 도덕적인 정치인으로서의 명망이 있어요. 그러한 명망을
        유지하는 것에 중점을 두라고 권고하고 싶네요.

Joe   This attack was a low blow though. I'm tempted to fight
        fire with fire.
        그 공격 비열했어. 그냥 흙탕물에서 그 사람과 싸우고 싶은 심정이야.

◆ Dialogue 2

Clint   There is a difference between stooping low and fighting
        fire with fire.
        저자세로 있는 것과 상대방과 똑같은 수법으로 맞대응하는 것과는
        차이가 있어.

Troy   I mean, they both mean being somewhat aggressive...
        그러니까 둘 다 어느 정도는 공격적이라는 말인데...

* low blow를 직역하면 '낮은
공격', 즉 사람의 약한 부위 (급
소)를 저격한다는 말

*stoop low는 직역하면 '몸을
낮게 구부리다', 상징적으로는
'저자세를 취하다'

◆ **Dialogue 3**

Marvin　　One newly elected congressman had to fight fire with fire when he was accused of sexual misconduct.

　　　　　우리 새 주지사는 성적인 부정행위로 기소되었을 때 맞대응해야 했어.

Veronica　Yes, unfortunately he had little choice. Either stand up for himself or lose his seat in congress. And it looks like he lost his seat, anyway.

　　　　　맞아. 근데 불행하게도 그 사람은 선택의 여지가 별로 없었어. 자신을 변호하든지 아니면 의회에서 의석을 잃든지... 그런데 어떻게 해도 의석을 잃을 것 같아.

| '상대방의 전술을 이용하여 상대방을 이기다'

Beat someone at their own game

● "We can beat the advertisers at their own game if
we use their own flyers for our advertisements."
우리 회사 광고를 하는데 상대방의 광고 전단을 사용한다면
그들을 이겨낼 수 있어요.

'상대방이 나를 이기기 위해 사용한 전술을 되레 우리한테 유리하게 이용하여 상대방을 이긴다'라는 의미로서 동일한 전략을 사용하여 경쟁사의 전략을 무마시키거나 다른 회사를 벤치마킹해서 우리가 오히려 상대방보다 더 나은 실적을 성취할 경우에도 사용할 수 있다.

Our biggest rival company offered deep discounts, seeking to lure away our customers; we, however, managed to beat them at their own game.

우리의 제일 큰 경쟁 회사가 대폭 할인을 제공해서 우리 고객들을 끌어가려고 했지만, 우리가 되레 동일한 전략을 사용하여 경쟁사의 전략을 무마시켰다.

Real Life Conversation

◆ Dialogue 1

Dennis   My team has gotten so defensively better against the
          top three teams in the league, who still have some of
          the best defenses. I'm truly delighted as a fan.
          우리 팀이 리그 상위 세 팀과 비교해서 수비가 현저하게 좋아졌어
          요. 그 팀들도 나름대로 최고의 수비력을 갖추고 있는데 말이죠.
          팬으로서 정말 기뻐요.

Sally   Almost literally, your team has beaten the opposition at
          its own game!
          정말 그쪽 팀이 경쟁 팀들이 제일 잘하는 부분에서 누르고 있네요!

◆ Dialogue 2

Dean   Our company gave discounts to customers who would
          take a selfie with the product they bought from us on
          the spot.
          우리 회사가 물건 구매 즉시 셀카를 찍어주시는 손님들에게 물건
          할인을 해주고 있습니다.

Hera   Wasn't that the strategy successfully carried out by one
          of your company's competitors recently? Are you trying
          to beat them at their own game?
          최근에 그쪽 회사 경쟁사에서 성공적으로 사용한 전략 아니야? 완
          전 그쪽 모방하는 거 아닌가?

◆ Dialogue 3

Al   We can beat the advertisers at their own game if we
          use their own flyers for our advertisements.
          우리 회사 광고를 하는데 상대방의 광고 전단을 사용한다면 그들
          을 이겨낼 수 있어요.

Charles   Sounds like a plan. Let's do it!
          정말 좋은 계획 같아요. 당장 실행합시다.

| '(이길) 승산을 증가시키다/보강하다'

Double down on

● "The President doubled down on his foreign policies."
대통령은 자신의 외교 정책을 계속 밀고 나가기로 했다.

'Double down'은 원래 블랙잭 카드게임에서 쓰이는 용어인데 내기에 건 돈을 두 배로 늘리고 카드 한 장을 더 받은 다음 그 패를 가지고 딜러와 승부를 겨루는 행위로써 직역하면 '승산 확률을 두 배로 한다'이다.

이는 흔히 쓰는 말로 '배판'에 해당하는데 즉, '(이길) 승산을 증가시키다/보강하다'로 쓰일 수 있다.

얼마 전 미국선거 여론조사에서 클린턴에게 밀리고 있던 트럼프가 민주당 텃밭이라 그가 신경도 안 쓰고 관심도 없던 라틴계나 흑인들의 표를 얻기 위해서 자신의 선거공약을 변경하면서까지 자신의 승산을 'double down' 하는 상황을 예로 들 수 있다.

'Donald Trump doubles down on this position at the CNN town hall.'

도널드 트럼프는 CNN 타운 홀에서 이 입장을 계속 고수하고 밀어붙였다.

이미 한번 'double down'을 했던 사람이 또 한 번의 비판이나 압력에도 불구하고 자기 입장을 지키는 경우에는, 'triple down'이라는 표현을 쓸 수 있다.

Monique   I am going to repeat what I said on two other occasions; I will not raise taxes if I am elected.

지난 두어 차례에 걸쳐 언급했던 점을 다시 한번 강조하겠습니다. 제가 당선된다면, 세금을 인상하지 않겠습니다.

Daniel   Congresswoman, you are tripling down on your no-tax pledge; this may come back and haunt you down the road if circumstances change.

의원님, 정말로 세금 인상을 하지 않겠다는 의지를 거듭 천명하시는 듯하네요. 앞으로 의원님 생각대로 상황이 전개되지 않는다면 의원님의 발목을 잡을 만한 여지가 있어요.

* haunt someone down the road 늘 붙어 다니다. 발목을 잡다

131

Real Life Conversation

◆ Dialogue 1

Terri   We've got to double down on our studies or we won't
be ready for the exams.
공부를 배로 열심히 해야 하겠어. 안 그러면 시험 준비가 영 안 될
것 같아.

Peter   Yes, unfortunately it's that time of the year, again.
맞아. 불행히도 다시 시험 때가 되어버렸네.

◆ Dialogue 2

Ellie   I meant exactly what I said, no mistakes there. What
I said reflects not just necessity, but a deep political
conviction on my part.
제가 이전에 언급했던 거, 가감 없이 저는 다시 말할 수 있어요. 제
발언 내용은 단지 현실적인 요소들만 고려한 것이 아니라, 저의 정
치적 신념을 보여주는 예입니다.

Dennis   You are truly doubling down on your statement, ma'am.
Your courage may help you with your core supporters,
but undecided voters are likely to be turned off.
정녕 외골수이시군요. 당신을 열렬히 좋아하는 지지자들에게 그러한 용
기는 먹힐 수 있으나, 부동층 유권자들은 아마 반감이 있을 듯합니다.

◆ Dialogue 3

Pierce   I think Sony Pictures has doubled down on its security
after the Rocket Man intrusion.
소니 픽처스 회사는 그 로켓맨의 해킹 이후에 보안 조치를 보강해
온 것 같더라고.

Carrie   I think you're right. They haven't had any further
problems, have they?
네 말이 맞는 것 같아. 그 이후에 더 이상 문제가 없었으니까, 맞지?

◆ Dialogue 4

Theresa   Our new president is doubling down on national
defense, isn't he?
우리 새 대통령은 국방을 보강하고 있는 것 같아, 안 그래?

Tim   Yes, it looks that way with the increase in defense
spending, doesn't it?
맞아 국방예산을 늘리는 거 보니까 그런 것 같아?

34

| (때때로 부정한 책략을 사용하여) 장사나 정치 등에서 요령 있게 공작하다

Wheel and deal

● **"Our new president is quite a** wheeler and dealer**,
don't you think?"**
우리 새 대통령은 능수능란한 거 같죠?

'Wheel and deal' 직역하면 '(큰) 바퀴와 거래'인데 이 표현의 유래는 여러 가지가 있다. 그중 하나는 도박에서 'roulette wheel'(회전하는 원반 위에 공을 굴리는 놀음)이 있는데 도박을 크게 하는 사람일수록 큰 바퀴를 돌렸다고도 한다. 또 하나는 자동차 판매 광고에서 wheel deals (좋은 가격에 판매하는 자동차)라는 말을 사용하다가 'Wheel and deal'은 동사로도 사용하였다.

He will "Wheel and Deal" the bargains.
그는 자동차거래를 능수능란하게 잘 할 것이다.

때때로 이 표현은 부정한 책략을 사용하여 장사나 정치 등에서 능수능란함을 나타내기도 한다. 여기에서 deal은 거래라는 의미도 있지만, 영어 숙어에서 강조하기 위해 소리가 비슷한 단어를 반복하기 위해 쓰인 **word play**(예를 들면 bow-wow, walkie-talkie)에 해당하기도 한다.

　명사로 쓰면 wheeler and dealer로서 정치나 사업에 능수능란한 흥정의 귀재를 의미한다. 이 표현은 주로 도박이나 사업맥락에서 쓰였는데 요새는 '어떤 위치에서 수완이 뛰어난 사람' 혹은 '능수능란하게 이익을 잘 취하는 책략가'를 의미한다.

　Texas' fabulous multi-millionaires - particularly ex San Antonian Clinton Williams Murchison, "the biggest wheeler-dealer of 'em all" - are glorified in [this] week's Time magazine cover story.

　텍사스의 그 유명한 억만장자들 - 특히 클린턴 윌리암스 머쉬슨은 이번 주 타임지의 커버스토리에 장식되어 그 시대의 가장 거대한 사업가로 칭송되고 있다.

Real Life Conversation

◆ Dialogue 1

Pierce Managers of a sports team can't just be good at winning games; they also have to know how to persuade the best players to join their team.

스포츠팀 감독들은 경기에서 이기는 것만 잘하면 되는 게 아니라, 최고의 선수들이 그들의 팀에 합류할 수 있게 설득하는 법도 알아야 한다.

Ellen So managers really have to be wheeler – dealers at times, really knowing how to undercut rival managers who want to purchase the same players for their teams.

그렇다면 스포츠팀 감독들은 때때로는 능수능란한 흥정의 귀재 역할도 해야 할 때가 있군요. 같은 선수들을 원하는 경쟁 감독들을 따돌릴 수 있어야 하고.

◆ Dialogue 2

Jane Capitalist systems rightly value entrepreneurs and entrepreneurship, as they create jobs and keep the economy growing.

자본주의 체제는 마땅히 기업가와 기업가 정신을 우대하죠. 왜냐하면, 기업가들이 일자리를 창출하고, 경제를 성장시키니깐요.

Clint Yes, but if too many of those entrepreneurs start out as, or end up being, wheeler – dealers who often break the law, then their activity ought to be regulated.

예 그렇죠. 하지만 다수의 기업가가 처음부터, 아니면 처음에 안 그랬다 할지라도 나중에, 편법 행위를 밥 먹듯이 하게 된다면 그들의 활동은 규제되어야 합니다.

◆ **Dialogue 3**

Joan   Our new president is quite a wheeler and dealer, don't
          you think?
          우리 새 대통령은 능수능란한 거 같죠?

Laurence   Yes, dear. He did very well to convince members of the
          opposite party to pass tax reform, didn't he?
          맞아요. 야당 의원들을 잘 설득해서 세제개혁 안을 통과되도록 했
          잖아요.

◆ **Dialogue 4**

Greg   Do you like to wheel and deal a lot?
          너는 능수능란하게 흥정하는 거 좋아하지?

Joe   Not really, I just like making a profit at the auctions.
          꼭 그렇진 않아. 단지 경매에서 이익을 보고 싶을 따름이야.

Greg   Really! Me too, let's go to one together.
          정말! 나도 그래. 우리 같이 가자.

Joe   Sure, how about next weekend?
          좋아, 다음 주말 어때?

I '네가 좋을 대로, 네 맘대로 해'

Whatever floats your boat

● "Whatever floats your boat! I just thought you
should prepare early."
좋으실 대로! 미리 준비해 놓아야 된다고 생각했거든.

'Whatever floats your boat' 직역하면 "네 배를 띄울 수 있는 것은
뭐든지 상관없어"라는 말인데, "네가 좋을 대로. 네 맘대로 해"라는 약간 무
심하게 상대방 의견에 별로 개의하지 않는다는 느낌으로 말할 때 쓰인다.

Marvin   Let's go to the indoor swimming pool for our exercise.
운동하러 실내수영장으로 가자.

Don   OK, whatever floats your boat! I usually just ride a bike
and do weight training.
너 좋을 대로 하든지. 난 대개 자전거를 타거나 근력운동을 하거나
하는데.

Kelly You can't skip the Christmas party, Gospel. You're the song leader!
크리스마스 파티에 안 오면 안 돼, 가스펠. 너 합창단 단장이잖아.

Gospel OK, whatever floats your boat! You need to find another M.C. I'm too tired!
알았어, 네가 알아서 하든지! 근데 사회자 하나 구해야 될 걸.
나 너무 피곤하단 말이야.

139

Real Life Conversation

◆ **Dialogue 1**

Pierce I'm going to actually skip the Friday meeting, but I'll
obviously be in touch over the weekend.
저 실은 금요일 미팅은 아마 참석이 힘들 것 같은데, 주말 중 계속
연락 기다리겠습니다.

Dean The boss is going to be annoyed, but whatever floats
your boat; you're the one who's going to be criticized,
not me.
상사가 좀 불편해하실 거 같은데, 뭐 알아서 해; 자네가 욕먹지 내
가 욕먹을 일은 아니니깐.

◆ **Dialogue 2**

Besty Let me choose that one...no this one...actually, let's go
to the other store.
저거... 아니 이거... 아니다, 우리 다른 가게 가요.

Tim (Holds hands up, in exasperation) Whatever floats your boat.
We have to buy the gift before we leave for Korea
tomorrow, that's a fact.
(답답함을 못 이겨 양손을 들며) 뭐 알아서 해. 내일 한국으로 출국
하기 전에 선물은 꼭 사야 하니깐.

◆ **Dialogue 3**

Nancy　Let's go to the costume party as Adam and Eve. What do you prefer?
가장무도회에 아담과 이브로 분장하고 가자. 뭐 하고 싶은데?

Rick　I'd rather be a cat and mouse than Adam and Eve!
아담과 이브보다는 고양이와 쥐로 분장하고 싶은데!

Nancy　Whatever floats your boat! I'm disappointed.
뭐 좋으실대로! 실망되네.

◆ **Dialogue 4**

Ellie　Why aren't you going shopping for the party next week?
다음 주 파티 준비해야 되는데 쇼핑 안 갈 거야?

Joe　It's not that important. I can shop at the last minute.
별로 중요하지도 않은데 뭐... 마지막 순간에 쇼핑할 수 있어.

Ellie　Whatever floats your boat! I just thought you should prepare early.
좋으실 대로! 미리 준비해 놔야 된다고 생각했거든.

I '그래 그렇게 생각하든지 말든지 난 더 이상 별말 안 할 테니까'

Let's agree to disagree

~~DIS~~AGREE

● "I agree to disagree on this subject.
I want to keep you as a friend."
이 문제에 대해서는 이쯤 해둘까? 난 여전히 너랑 친구로 남고 싶거든.

'Let's agree to disagree' 직역하면 "동의하지 않기로 동의하자"인데 상대방과 좁힐 수 없는 의견 차이가 날 때 (주로 논쟁맥락에서) 하지만 더 이상의 대립각을 유지하는 것이 쌍방 간에 불필요하다고 느낄 때 유용하게 쓸 수 있는 간단한 표현이다.

이 표현은 쌍방이 서로 대립하는 의견을 지닌 채 여전히 나쁘지 않은 관계를 유지할 필요가 있을 때 주로 쓰인다.

Why don't we agree to disagree? But next time, let's agree to understand!

그냥 이쯤에서 덮어두는 게 어떨까? 하지만 다음번에는 서로 이해해주기로 하자고.

Paul   I agree to disagree on this subject. I want to keep you as a friend.

이 문제에 대해서는 이쯤 해둘까? 난 여전히 너랑 친구로 남고 싶거든.

Emma   Sure, maybe we should change the subject.

맞아. 우리 주제를 바꾸자고.

Paul   Good idea!

좋은 생각!

Real Life Conversation

◆ Dialogue 1

Kevin   We have some irreconcilable differences on this one
        issue, it seems.
        이 안건에 있어서는 우리 사이 차이점을 좁힐 수 없는 듯하네요.

Sherry I see that. Look, let's really agree to disagree on that
        one. We can't let one difference block progress on the
        deal itself.
        저도 그 점 인정해요. 그래도 이봐요, 우리가 그것만큼은 그냥 그
        렇다고 인정해요. 한 개 이슈에 있어서 서로 입장이 다르다고 거래
        자체를 불발시키면 안 되잖아요.

◆ Dialogue 2

Don   Sir, I really don't think that we should be spending such
        money on a project that, frankly, has little chance of
        succeeding in the short term.
        부장님, 솔직히 단기적인 성과를 낼 가능성이 희박한 프로젝트에
        그렇게 돈을 써야 한다고 생각하지 않아요.

Karl   Look, we need to invest in at least one thing that allows
        the company to look at the long term; I'm afraid we'll
        have to agree to disagree on this one for now.
        이봐, 회사에 장기적인 안목을 줄 수 있는 적어도 한 개 일거리에
        는 투자할 필요가 있어. 일단 자네가 언급한 대목에 대해서는 당분
        간은 덮어두자고.

◆ Dialogue 3

Rick   I think the president has lost face?
        대통령이 체면을 구긴 거 같은데 내 생각엔?

Sally   Why do you say that?
        왜 그런 생각을 하는데?

Rick   He has no options left to deal with North Korea.
        북한과 대처할 방안이 남아 있지 않잖아.

Sally   Yes, but I'll agree to disagree on this topic. He could
        attack them, but I doubt if he will. The consequences
        would be catastrophic if he did, so you're right!
        응 맞긴 해. 하지만 이 문제에 대해서는 너랑 이견을 좁힐 수 없을
        듯. 대통령은 북한을 공격할 수도 있긴 한데 안 그럴 거 같고. 만약
        에 공격한다면 결과는 치명적일 테니... 그럼 네가 맞네.

dis agree

37

| '(개인적 혹은 정치적) 입장이 서로 다른 사람들과의 관계를 개선하다'

Mend fences

"China and Philippines recently took steps
to mend some fences."
중국과 필리핀은 최근에 화해하려는 시도를 했다.

이 표현은 직역하면 '울타리를 고치다'인데 1861년에서 1897년까지 미국 오하이오주 상원의원이었던 존 셔먼이 자기 선거구이자 고향인 오하이오를 잠시 방문했을 때 일어난 일화에서 나왔다고 한다.

어느 날 자신의 농장을 들른 셔먼은 자기의 소작인들이 살고 있던 농장의 울타리가 부서진 것을 보고 이를 고치라고 명령했는데 그날 밤 방송 리포터들이 혹시 주지사에 입후보할 의사가 있냐고 묻자 존 셔먼은 고향에 온 것은 순전히 사적인 일로 왔노라고 즉 울타리를 수리하고(repair my fences) 또 그동안 미뤄놨던 집안일을 돌보러 왔다고 대답했다고 한다.

이후로 mend fences라는 표현은 주로 자신의 선거구인 고향을 방문해서 유권자들을 결집하려는 정치적인 행보를 표현할 때 주로 쓰였는데 우리나라의 정치 현실에서도 흔히 볼 수 있는 풍경이라 하겠다.

처음에는 정치적인 맥락에서만 쓰이다가 오늘날에는 일반적으로 '화해를 하다'의 의미로 쓰인다.

China and Philippines recently took steps to mend some fences.

중국과 필리핀은 최근에 화해하려는 시도를 했다.

Paul tried to mend fences after the heated argument with his girlfriend Emma by inviting her to candlelit romantic dinner.
폴은 여자친구인 엠마랑 한바탕 싸운 후에 촛불 켜진 우아한 저녁 식사에 초대함으로써 그녀와 화해하려 했다.

"Well, I've been a VP of Marketing
for the last ten years ... and I can mend fence."

Real Life Conversation

◆ **Dialogue 1**

Mark Weren't those two countries practically at war even like two years ago?

저 두 나라 불과 2년 전만 해도 사실상 서로 전쟁하는 사이 아니었나요?

Joan Right, but judging by how they're signing trade and defense cooperation treaties, they're truly mending fences.

그렇긴 했지만, 이제는 무역 및 국방협력 조약도 맺는 거 보니, 정녕 화해 기조로 변해가는 것 같네요.

◆ **Dialogue 2**

Jerry It truly is a dilemma when one's friends have fought big-time and are no longer on speaking terms.

친한 친구들이 대판 싸우고 더 이상 말도 섞지 않는 경우가 총체적 난국이죠.

Sherry You can offer to mediate, but in the end, they're the ones who have to mend fences.

물론 당신이 중재를 자원할 수 있겠지만, 결국에는 그 싸웠던 본인들이 화해해야죠.

* trade and defense cooperation treaties: 무역 및 국방협력조약

* be on speaking terms: 만나면 인사를 주고받는 사이 또는 말을 서로 나눌 사이

◆ **Dialogue 3**

Larry I hope your brothers can mend their fences.

너희 형제들 화해할 수 있으면 좋겠는데.

Robert I'm not sure about that. One moved away from the other to another state!

잘 모르겠어. 두 명 다 뿔뿔이 다른 주로 이사해버렸거든!

◆ **Dialogue 4**

Richard   I hope the U.S., China and Russia can mend their
           fences in order to deal with North Korea.
           미국, 중국 그리고 러시아가 북한 문제를 해결하기 위해서 서로 관
           계를 개선할 수 있었으면 해.

Nancy   Me too! Otherwise we'd better make an emergency
           survival plan ASAP!
           나도 같은 생각이야. 안 그러면 긴급 생존 전략을 짜야 될 거야.

◆ **Dialogue 5**

Rick   Larry, do you think the Donkeys and Elephants will ever
           mend their fences?
           래리, 민주당과 공화당이 화해할 거라고 생각하니?

Larry   You've got to be kidding, right! They are miles apart. It'll
           never happen.
           지금 농담하는 거 맞지? 그 사람들은 완전히 달라. 그럴 일 없네요.

Rick   You know what they say, divided we fall but united we
           stand!
           근데 그 사람들이 늘 하는 말 있잖아. "뭉치면 살고 헤어지면 죽는
           다"라고!

Larry   Yeah! I hope we don't fall.
           맞아... 죽으면 안 되지.

Rick   Me too!
           같은 생각!

* 미국에서 Donkey는 민주당
의 상징, Elephant는 공화당의
상징

149

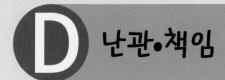

D 난관•책임

Hardship and Responsibility

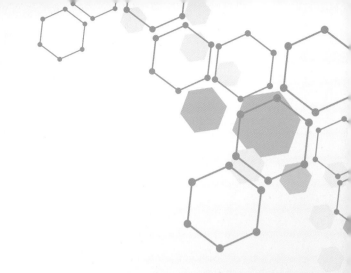

사업을 하다 보면 터무니없는 폭리(daylight robbery)를 당하거나 혹은 시세가 떨어져서(go south), 실패할 수도 있고(go west), 결정 번복하기를 손바닥 뒤집듯 하다 보면(flip-flop), 이러지도 저러지도 못하는 난처한 상황에 직면할 수도 있고(between a rock and a hard place), 그러다 보면 어느 쪽으로 서야 할지 저울질하기도 하며(sit on the fence), 때로는 맹목적으로 (어떤 믿음이나 신념에) 추종하기도 한다(drink the Kool aid). 때로는 일이 꼬이기 시작해서(go pear-shaped), "더 이상 힘들어서 참을 수 없어"(This is the last straw)하면서 하던 일을 그만두고 포기할 수도 있다(throw in the towel). 그 와중에 일이 잘 안 풀렸다고 엉뚱한 사람을 비난할 수도 있고(bark up the wrong tree), 더 심하게는 특정인에게 잘못이 있다고 비난하거나(put the finger on someone) 아니면 무분별하게 다른 사람들을 비판할 수도 있다(take a pot shot). 그러다 보면 이익을 위해 변절할 수도 있다(sell someone down the river). 하지만 이렇게 책임을 남에게 전가하는(pass the buck to) 대신에 어떤 사람들은 자신의 잘못에 대하여 떳떳하게 책임을 지고(face the music) 나아가 모든 책임은 궁극적으로 내가 떠맡는다(The bucks stop with me)는 의연한 태도로 상황에 대해서 감을 잡고(get a handle on things) 상황을 통제하고 지휘하기도 한다(call the shots).

일을 하다 보면 난관에도 부딪칠 수 있는 법. 그런 상황이 닥쳤을 때 이에 대처하는 방식들은? 그런 경우 자주 쓰이는 유례가 있는 산뜻한 표현들을 살펴보기로 하자.

| '백주의 강도, 공공연한 도둑 행위, 터무니없는 대금(청구), 폭리'

Daylight robbery

❝Don't eat at that restaurant;
its prices are daylight robbery.❞
그 식당에서 먹지 마; 완전히 폭리를 취한다니까.

'Daylight robbery'는 실제 강도 행위(robbery)는 아니고 또한 반드시 대낮(daylight)에 일어날 필요는 없다.

이 표현의 유래는 다음과 같다. 17세기 말 영국의 군주들은 대개 풍족하지 않았는데 그중 한 군주가 세금을 더 거둬들일 요량으로 이후에 많은 지탄을 받게 된 소위 창문세(Window Tax)라는 것을 부과하였다.

즉, 집에 있는 창문 수에 따라 세금을 내야 되는 것으로 창문이 많이 있는 저택의 경우 많은 세금이 부과되었다(때때로 창문세를 많이 내는 부자들은 창문이 많은 저택에 살고 있음을 자랑스러워했다고도 한다).

하지만 이러한 창문세가 부담스러웠던 서민들은 집을 지을 때 가짜 창문(창문 모양은 하고 있으나 벽돌로 막혀있어서 밖이 보이지 않는)을 만들어 세금을 피하려고 했는데, 당연히 누려야 되는 공기와 햇볕을 차단하게 되어 햇볕을 강도당했다는 뜻으로 'Daylight robbery'라는 표현이 사용되었다.

오늘날 이 표현은 '터무니없는 대금 청구' 또는 '폭리' 등의 의미로 쓰이고 있다.

Don't eat at that restaurant; its prices are daylight robbery.

식당에서 먹지 마; 완전히 폭리를 취한다니까.

James   I should have gone to the place I bought my bicycle because the place near my house is a real daylight robber whenever it comes to repairs and prices.
내 자전거를 구입했던 곳으로 갔었어야 했어. 왜냐면 집 근처 가게는 수리나 비용에 있어서 거의 날강도거든.

Sofia   Yes, and sometimes they even do it at no cost.
맞아, (원래 구입한 데에서는) 때때로 무료로 고쳐주기도 한다니까.

Real Life Conversation

◆ Dialogue 1

Noah   Some politicians want to raise tax on children's diapers to 12% to fund childcare.
일부 정치인들이 아동 복지 예산 마련을 위해 기저귀에 대해서 세금을 12%로 인상하려 한데요.

Emma   That tax rate is too high! Little did I know that our politicians would be committing daylight robbery on matters involving our children...
그 세율 너무 높다! 우리의 아이들과 관련된 항목에 있어 우리 정치인들이 날강도짓을 하게 될 줄이야...

◆ Dialogue 2

Liam   Some of the packaged tours appear too expensive, given that they use hotels with the cheapest rates and restaurants that are certainly not expensive.
패키지 투어들이 너무 비싼 것 같아. 제일 싼 호텔과 정말 저렴한 식당들만 찾는데 말이야.

Olivia   There's a chance that the tour company is doing daylight robbery on its customers.
관광 회사가 손님들 바가지 씌우는 것일 수도.

154

◆ Dialogue 3

Tony	Don't go to the Christmas play.
	크리스마스 연극 보러 가지 마.
Sally	Why not?
	왜?
Tony	The prices are daylight robbery at night.
	밤에는 입장료가 완전히 터무니없는 바가지더라고.
Sally	Really! I was looking forward to seeing that play. Shucks!
	정말? 그 연극 정말 보고 싶었는데... 쳇!

◆ Dialogue 4

Dean	These taxi cab drivers are something else, aren't they?
	이 택시운전사들 대단하다. 대단해, 안 그래?
Rick	Yes, they are daylight robbers with their unfair fares and routes.
	맞아. 바가지요금에 멀리 돌아가고 완전히 날강도야.
Dean	That seems to be the case, doesn't it?
	그런 것 같지?
Rick	For sure, they have no shame, here.
	확실해. 수치스러운 것을 모른다니까 여기에서는.

* something else는 특별한, 다른, 대단한 존재를 의미하지만 때로는 반어적으로 쓰일 수 있다. "You are something else"는 '넌 대단한 존재야' 하는 긍정적 의미와 '그래 너 대단하다 대단해'라는 부정적으로 비꼬는 의미도 지닌다.

I '악화되다, 시세가 떨어지다'

Go south

● *"The mayoral candidate noticed her poll numbers to go south gradually."*
시장후보자는 여론조사결과가 점차 하락하는 것을 알아챘다.

　'Go south' 직역하면 '남쪽으로 가다' 인데 이 표현이 어떻게 '실패하다' '망하다'의 의미로 쓰이게 되었는지 살펴보면, 먼저 south는 x축 y축의 좌표에서 남쪽 방향 즉, '아래로'의 뜻이기 때문에 하향세임을 표현하는데 주로 주가가 곤두박질할 때나 여건이 악화될 때에 쓰인다.

　즉, 우리말의 '삼천포로 빠지다'와 비슷하게 쓰인다고 할 수 있다. 그 유래를 살펴보면 1920년대 영국에서 고기와 곡물 가격이 'go down'(하락) 되거나 'go worse'(악화) 되었음을 언급할 때 신문 기사에서 먼저 사용되었다는데, 부정적 추세에 대해서 'go terrible', 'go catastrophic' 같은 강한 표현 대신에 좀 약하게 표현할 때 주로 사용한다

　1970년대 이후에는 주로 'The market keeps heading south'처럼 주로 주가나 시장에 대해 언급할 때 쓰였다.

The mayoral candidate noticed her poll numbers to go south gradually.

미스터 반은 여론조사결과가 점차 하락하는 것을 알아챘다.

All the controls went south. 모든 통제가 실패로 돌아갔다.

Belinda   I think everything will go south this semester, don't you?

이번 학기에는 모든 것이 다 내리막길인 것 같아, 너는?

Cassandra   Not if we keep up with our assignments.

우리가 과제를 충실하게 해나간다면 안 그렇겠지.

Real Life Conversation

◆ **Dialogue 1**

Noah   The soccer team sacked the coach it had for over ten years, sold its star player, and now cannot even draw a game against a lower-ranked side.
십 년 넘게 축구팀 맡았던 코치를 경질시키고, 주전 선수를 방출시키니깐 이제 하위 팀과 무승부도 못 하네요.

Aiden   I'm sorry to say this, my friend, but your team is well and truly going south.
이 말하기 정말 미안한데 친구, 네가 좋아하는 팀이 정말 이제 내리막길인 것 같아.

◆ **Dialogue 2**

Logan   The stock market continues to depreciate; what can stop it from continuing to go south?
주식 시장 가치가 갈수록 하락하고 있네요. 추가 하락을 방지하려면 어떻게 해야 할까요?

James   Given that we have unfavorable external economic conditions, it's hard for me to see what will stop it...
외부 경제 환경이 부정적이다 보니, 무엇이 하락세를 멈출 것인지 보이지 않네요...

* sack은 구어로
  해고하다는 의미

* draw a game
  경기에서 비기다

◆ **Dialogue 3**

Steve　If the sanctions on North Korea fail, it will all go south, literally!
북한에 대한 (경제적) 제재정책이 실패한다면 상황이 문자 그대로 (그 피해가 남쪽으로 갈 거야) 악화될 거야.

David　That could be true, unfortunately. South Korea is in peril from the rocket man.
그럴 수 있겠다. 불행하게도. 남한은 그 로켓맨(김정은) 때문에 고통을 받게 될 거야.

◆ **Dialogue 4**

Logan　The U.S. government will go south if something isn't done to stimulate the economy and reduce the debt.
미국 정부가 경제를 활성화하고 국가 채무를 줄이기 위해서 뭔가 조처를 취하지 않는다면 상황이 악화일로에 서게 될 거야.

Jacob　The tax reform is a step in the right direction, I think.
세제개혁이야말로 올바른 방향으로 가는 첫걸음일 것 같아, 내 생각엔.

* sanctions
인가, 찬성이라는 의미인데 복수로 쓰여서 (보통 수 개국 공동의) 국제법 위반국에 대한 군사적 혹은 경제적 제재를 의미한다.

"impose military(economic) sanctions"
'군사적 (경제적)제재를 가하다' 라는 의미

159

40

| '죽다, 사라지다, 실패하다'
Go west

● "My MP3 player Just went west."
내 MP3 기기가 방금 돌아가셨네.

'Go west' 직역하면 '서쪽으로 가다'인데 예전에 London 교도소의 서쪽에 있는 교수대로 가게 되는 것을 죄수들 사이에서 'Go west'라고 말하고 이는 곧 '죽다, 사라지다'는 의미로 통했다고 하는데, 사실은 더 거슬러 올라가면 인디언 문화뿐만 아니라 많은 고대 문화에서도 죽은 사람이 향하는 곳, 즉 사후세계는 해가 지는 서쪽에 존재한다는 믿음이 있었다고 한다.

'Go west'는 '죽다', '사라지다'를 조금 재미있게 표현할 때 쓰인다. 우리말의 '황천 가다'는 표현을 떠올려도 될 듯하다. 'Go west'가 '실패하다'의 의미로 쓰일 때는 'Go south'와 같은 의미이다. 반면에 미국사람들은 역설적으로 서쪽(west)을 새로운 시작을 의미할 때 사용하기도 한다.

19세기 미국 Wild West(서부개척시대)에 서부로 금을 캐러 가던 모험심이 충만한 젊은이들에게 외칠 때 다음과 같은 구호가 유행했다는데, '죽다'라는 의미하고는 물론 거리가 멀다.

Go west, young man, and grow up with the country.
서부로 향하라. 젊은이들이여 가서 나라와 함께 성장해라.

Real Life Conversation

◆ Dialogue 1

Calvin   My MP3 player just went west. Goodbye, memories from the 90's...
내 MP3 기기가 방금 돌아가셨네. 90년대 추억들이여 안녕...

Jinping   Oh my goodness, I can't believe you've had it for this long.
세상에, 지금까지 그걸 가지고 있었다는 것이 믿기지 않아.

◆ Dialogue 2

Carter   I wanted to 'go West' just like the old pioneers, and begin anew, in a new job, new country, surrounded by new people.
옛날 개척자들처럼 저는 진정한 모험을 하고 싶었어요. 새로운 나라, 새로운 직장, 그리고 새로운 사람들과 둘러싸여서 새로운 출발을 하고 싶었죠.

Owen   A truly new beginning, huh? My friend, you'll realize that you can't truly escape the past...
정녕 새 출발이라, 이거지? 친구, 과거를 정말 벗어나는 건 불가능하다는 점을 알게 될 거야...

41

| '(결정 번복하기를) 손바닥 뒤집듯이 하다; 우왕좌왕하다'

Flip-flop

● "The ruling party did a flip-flop
on several key issues."
집권당은 여러 가지 중요한 안건에 대해서 이랬다저랬다 의견을 번복했다.

원래 'Flip flop'은 체조에서 '역 공중제비'라는 말인데 퍼덕퍼덕하면서 자세 뒤집는 모습을 빗대어 방향이나 의견을 급하게 바꾸는 것을 표현한다.

또한, 정치적으로 말을 이랬다저랬다 바꾸는 사람을 "A flip-flopper"라고도 한다. 2004년 미국의 대선 때 부시가 민주당의 캐리를 미국의 이라크 참전과 관련하여 의견을 자꾸 바꾼다고 하여 "A flip-flopper(변덕쟁이)"라고 불러 치명타를 입힌 적도 있었다고 한다.

The ruling party did a flip-flop on several key issues.

집권당은 여러 가지 중요한 안건에 대해서 이랬다저랬다 의견을 번복했다.

@ flip-flops(복수형태로)라고 해서 우리의 쪼리식(엄지발가락에 고리를 거는)의 고무 슬리퍼를 지칭하기도 한다.

Real Life Conversation

◆ Dialogue 1

James   I wish that the bureaucrats would settle on a course of action, and get on with it, rather than changing their mind seemingly every other month.
저는 관료들이 무언가 하나의 일관된 정책 기조를 정한 다음 그 기조에 따라 일을 진척시켰으면 좋겠어요. 매달 태도를 바꾸는 게 아니라.

Calvin   Bureaucratic flip-flopping is the worst kind, really, not helpful at all for us business people.
관료들이 정책적인 면에서 일관되지 못하게 우왕좌왕하는 게 최악이죠, 정말, 우리 사업가들에게 전혀 도움이 안 돼요.

◆ Dialogue 2

Calvin   I like politicians who are open-minded, willing and able to change their policy when the circumstances change.
저 같은 경우 변화하는 상황에 따라 오픈 마인드를 가지고, 그들의 정책을 바꾸려는 의지와 능력이 있는 정치인들을 좋아해요.

James   Be careful though, at least some of those politicians actually are flip-flopping. That's just being unpredictable, not smart!
조심해요, 왜냐하면 그러한 정치인 중 일부는 그냥 왔다 갔다 하는 거일 수 있어요. 그건 정치철새지, 똑똑한 게 아니죠!

◆ Dialogue 3

Jean   Our professor flip-flopped on the current assignment, didn't he?
우리 교수님은 이번 과제에 대해 이랬다저랬다 하시네, 그렇지 않아?

Steve   Yes, he said there wouldn't be any assignments after the middle of the month, I thought.
그러게 말이야, 이번 달 중순까지는 과제물은 없을 거라고 하시더니.

| '이러지도 저러지도 못하는 난처한 상황이다, 진퇴양난이다'
Between a rock and a hard place

● "**I'm stuck** between a rock and a hard place."
이러지도 저러지도 못하는 난처한 상황이다.

직역하면 '바위와 험난한 곳 사이에 끼어 있다'는 말로서 난관에 봉착한 상태를 의미한다.

오디세우스(율리시스)의 모험에 나오는 '스킬라와 카리브디스(Scylla and Charybdis)'를 떠올린다면 스킬라를 바위로, 카리브디스를 험난한 곳으로 비유한 표현이다.

스킬라는 절벽 위에 버티고 있는 괴물로서 지나가는 뱃사람들을 마구 먹어 치운다고 하고, 카리브디스는 무시무시한 바다 소용돌이인데 오디세우스는 이 소용돌이는 피하였으나, 스킬라가 있는 절벽을 지나가며 6명의 동료를 잃고 말았다고 한다. 이후에 하나의 위험을 피하니 또 다른 위험에 봉착할 수 밖에 없었던 상황을 표현할 때 주로 사용되었다.

Dillon   I think I'm between a rock and a hard place with an
          overbearing boss and an underachieving attitude.
          억압적인 상사와 저조한 태도 사이에서 이러지도 저러지도 못하
          겠어.

Lilly   You should at least try to change your attitude, don't you
          think?
          적어도 네 태도는 바꿔야 할 것 같은데... 안 그래?

Real Life Conversation

◆ Dialogue 1

Helen
I always feel like I'm between a rock and a hard place with my cousins.
내 사촌들하고 관계는 이러지도 저러지도 못하는 난처한 상황인 것 같아.

Mark
Maybe you should visit them more often and iron out your differences.
네 사촌들과 더 자주 만나서 차이점을 해소해야 할 듯하네.

◆ Dialogue 2

Jacob
So, if she drops out of the race, she'll have to pay for her suspended campaign out of her own pocket; if she stays in the race, it's certain that she'll lose by a huge margin.
그녀가 후보 사퇴를 할 경우, 그녀는 자비를 털어서 중단된 캠페인에 대한 비용을 지불해야 될 거예요. 하지만 만약에 계속 경선에서 계속 남아있기를 원한다면 아마 큰 차이로 질 것 같아요.

Sofia
She's stuck between a rock and a hard place. I would definitely not want to be where she's at now!
정말 그녀는 진퇴양난의 기로에 서 있군요. 그녀가 처한 상황이 절대로 부럽지 않군요.

* iron out
iron은 동사로 '다림질하다'이므로 iron out은 '다림질해서 주름을 펴다' 혹은 '(울퉁불퉁한 것을) 고르게 하다' 상징적으로 (어려움이나 문제를) 해소하다, 제거하다

◆ Dialogue 3

Logan   My career is at a crossroads, really. I need to make
         some tough decisions about where I want to be posted,
         and what kind of work I want to take on medium-and
         long-term.
         제 커리어가 지금 중대한 기로에 서 있는 것 같아요. 제가 일하고
         싶은 지역이랄지, 그리고 중장기적으로 어떤 업무를 맡고 싶은지
         에 대해서 좀 힘든 결정들을 내려야 할 듯해요.

Amelia   Well, at least you have good choices. You're not
         really stuck between a rock and a hard place; you're
         choosing between several soft options!
         적어도 괜찮은 옵션들은 있잖아요. 진퇴양난이 아니라, 여러 가지
         의 '손쉬운' 방안들이 존재하잖아요.

◆ Dialogue 4

Aiden   Between reducing the National Debt and giving citizens
         a tax break the U.S. government is between a rock and
         a hard place.
         국가채무를 줄이는 것과 국민들에게 절세정책을 시행하는 것 사이
         에서 미국 정부는 진퇴양난인 것 같아.

Mia   I agree with you on that one.
         네 말이 맞아.

* at a crossroads
교차로에 있는, 중대한 기로에
있는

* soft option
여러 가지 가능한 방안 중 가장
손쉬운 방안

167

EPISODE

43

| '(결정을 보류한 채)중립적인 태도를 취하다, 팔짱만 낀 채 관망하다'

Sit on the fence

M E M O

● "Others may say that you're really only sitting on the fence!"
남들은 당신을 보고 어정쩡한 태도를 취한다고 생각할지도 모른다.

'Sit on the fence'는 직역하면 울타리 위에 앉아있다는 말로 어느 쪽으로도 입장을 정하지 않은 상태를 지칭한다.

18세기 미국의 한 정치가가 자기 뜻을 "As a man sitting on the fence, with clean boots, watching carefully, which way he may leap to keep out of mud"라고 말한 것으로부터 유래했다고 하는데, 즉 깨끗한 신발을 신고 울타리 위에 앉아서 어느 쪽으로 뛰어내리는 것이 진흙탕을 면할 수 있을까 유심히 관찰하고 있음을 묘사하고 있다. 이 표현은 어떤 안건에 대해서 확실한 태도를 유보한 채 추이를 관망하다가 이로운 쪽으로 태도를 바꾸는 정치가들을 부정적으로 묘사할 때도 쓰인다.

The congresswoman is afraid she'll lose support if she takes sides on the issue of raising bus fares, but she can't sit on the fence forever.
그 하원의원은 버스 요금 인상 문제에 대해서 어느 한쪽 편에 서면, 지지를 잃게 될까 봐 우려하고 있는데 계속 그렇게 마음을 정하지 못하고 있을 수는 없다.

Sit on the fence

43 Section

168

The CEO of the cosmetics company was unsure as to whether she should decide in favor of authorizing additional investments for manufacturing the new skin care product; in effect, she continued to sit on the fence for the time being, as she was interested in monitoring how consumers were initially responding to that product in other countries.

화장품 회사 최고경영자는 신규 화장품 생산을 위한 신규 투자를 허용할 것인지에 대해서 반신반의하는 중이었다. 그런 면에서 그녀는 한동안 계속 최종 결정을 주저하고 있었는데, 그 이유는 다른 나라에서 소비자들이 어떻게 동 제품에 대해 반응하는지 예의주시하기 위해서였다.

정치적인 맥락에서 다소 부정적으로 쓰일 뿐만 아니라 일상 대화에서 어느 쪽인지 마음을 정하지 못하고 있음을 표현하기도 한다.

Have you decided which offer you are going to accept or are you still sitting on the fence?

어떤 제안을 수락할지 결정했어, 아니면 여전히 마음을 못 정하고 있는 거야?

Real Life Conversation

◆ **Dialogue 1**

Luke | I pride myself in being a centrist politically; I express my opinion on every issue carefully, and refrain from being too overly excited by one particular political approach.
저는 정치적으로 중도성향인 점에 대해 자부심을 가지고 있어요. 각각의 현안에 대해서 저는 신중히 저의 견해를 밝힙니다. 아울러 특정 정치 색깔에 대해서 지나치게 열광하지 않으려 노력하죠.

Sofia | You call yourself a centrist, but others may say that you're really only sitting on the fence!
본인은 중도정치를 표방한다고 하지만, 남들은 당신을 보고 정치적으로 간 본다 그렇게 볼 수도 있어요!

◆ **Dialogue 2**

Mason | Don't you think that the company has been sitting on the fence for too long? Its competitors have already begun establishing offices in the country!
솔직히 회사가 너무 오랫동안 뒷짐만 지고 있는 거 아닌가요? 경쟁사들은 그 나라 안에 이미 지사들을 세우기 시작했어요!

Olivia | Yes, I agree. Its board is notorious for being slow on these decisions.
동의해요. 회사 임원진이 결정 속도 느리기에 유명하잖아요.

◆ **Dialogue 3**

Logan　　Many in congress would rather sit on the fence than help the new president pass any meaningful legislation.
국회 의원 대부분이 신임 대통령을 도와서 무언가 좀 굵직굵직한 법안을 통과하느니 그냥 상황만 보는 것 같아.

Mia　　That's true, even for helping veterans, unfortunately.
심지어 참전용사 지원 관련에 대해서도 진전이 없는 것 같아.

◆ **Dialogue 4**

Betty　　Many European governments are sitting on the fence concerning new Middle Eastern immigration.
여러 유럽 국가가 새 중동 이주민들에 대해서는 팔짱만 낀 채 관망하고 있어.

John　　That seems to be the case. They want to be politically correct, I think.
그런 것 같아. 무언가 도의적인 명분을 중시하는 모습을 보이고 싶은 거지.

* politically correct
말의 표현이나 용어의 사용에서 인종, 민족, 종교, 성차별 등의 편견이 포함되지 않도록 하자는 주장을 나타낼 때 쓰는 말

44

‖ '맹목적으로 (어떤 믿음이나 신념에) 추종하다'

Drink the Kool aid

● "Voters are practically drinking the Kool-Aid
over that handsome young politician."
유권자들은 그 잘생긴 젊은 정치인에게 맹목적으로 빠져 있는 상태입니다.

'Kool aid'는 가루를 녹여 만든 청량음료로서 직역하면 '차가운 에이드 음료를 마시다' 이다.

이는 Peoples Temple이라 불리는 사이버 종교의 교도들 900여 명이 집단으로 세뇌당한 후 독극물 가루를 넣은 청량음료를 마시고 집단 살인/자살한 비극적인 사건에서 유래한다. 이 사건 이후에 '맹목적으로 (그럴만한 가치가 없는) 어떤 믿음이나 신념에 추종하다'의 의미로 쓰이고 종종 "Don't drink the Kool aid."로 자주 사용되는데, 주위의 압력에 의해서 어떤 믿음이나 행동을 추종하는 경우에도 쓰인다.

Ron   The Iraqi government has drunk the Kool-Aid in regards
        to their relationship between Iran and the Kurds.
        이라크 정부는 이란과 쿠르드족과의 관계에 대해 자기네 신념을
        맹목적으로 추구하네요.

Ruth   Yes, they don't like the Kurds at all.
        맞아요. 그들은 쿠르드족을 좋아하지 않아요.

Real Life Conversation

◆ Dialogue 1

Jack It's now a fact: voters are practically drinking the Kool–Aid over that handsome young politician.
이것은 이제 거의 팩트네요: 유권자들은 그 잘생긴 젊은 정치인에게 맹목적으로 빠져 있는 상태입니다.

Emma Such blind devotion is not really healthy for democracy, as it blinds voters to legitimate criticisms of a particular politician.
그러한 맹목적인 추종은 건강한 민주주의에 별 도움을 주지 않아요. 왜냐하면, 유권자들이 특정 정치인에 대한 정당한 비판을 못하게 되거든요.

◆ Dialogue 2

Liam The CEO of the company is charismatic and smart, but I fear that she will reward only those who are obedient and uncritical.
이 회사 최고경영자는 카리스마가 있고 똑 부러졌는데, 하나 걱정되는 점이 그녀가 오로지 충성하고 고분고분한 사람들만 활용할 것 같다는 거요.

Ethan I share your concerns as well. No one should be drinking the Kool–Aid to please the boss.
피차 마찬가지입니다. 상사를 위해서 죽는시늉까지 해야 할 필요는 없다고 봐요.

* spree
흥청거림 또는 탐닉이라는 뜻
쇼핑에 탐닉하는 것은
'shopping spree'라고 할 수 있다.

◆ Dialogue 3

Ken I think the two parties have both drunken the spending Kool Aid, don't you?
두 정당이 다 지출을 너무 맹목적으로 해대는 것 같아요. 안 그래요?

Jane It appears to be the case. Neither wants to stop the spending bankrupting spree.
그런 것 같아 보이네요. 양측 다 파산에 이를 정도로 돈을 과도하게 물 쓰듯이 쓰고 있어요.

| '일이 꼬이기 시작하다, 완전히 (계획 따위가) 망쳤다'

Go pear-shaped

● **"Your plans of being president one day is going pear-shaped as we speak."**
네가 언젠가 대통령 되고자 하는 꿈은 사라지고 있어.

'Go pear-shaped'를 직역하면 '배 모양으로 가다'인데 우리나라 배가 아닌 서양배의 울퉁불퉁한 모양을 떠올리면 이해가 될 것 같다.

이 표현은 공군에서 하는 무척 어려운 공중제비 비행곡예에서 유래되었는데 제대로 곡예를 하지 않으면 완벽한 원형의 모습에서 벗어난 울퉁불퉁한 서양배 모양을 그리게 되므로 'Go pear-shaped'라는 표현이 쓰이게 되었다고 한다. 따라서 이 말은 계획했던 일이 꼬이거나 완전히 수포가 된 경우에 쓰인다.

We had planned to go a romantic getaway during a spring break; however, it all went pear-shaped.

우리는 봄방학 중에 낭만적인 여행을 떠나볼까 했는데 다 수포가 되었다.

다음은 Wall Street Journal의 기사 중에서 발췌한 것이다.

"But [Barack Obama's] opportunity will quickly go pear-shaped if the bond market loses confidence . . . "

만약 주식시장이 신뢰를 잃는다면 버락 오바마의 기회는 즉시 수포가 될 것이다.

참고로 'pear-shaped'는 어깨가 좁고 엉덩이가 큰 여자의 몸매를 지칭할 때도 쓰이는데 (반대말은 apple-shaped: 상체가 하체에 비해 큰 체형), 상황에 따라 긍정적으로 혹은 부정적으로 쓰일 수 있다.

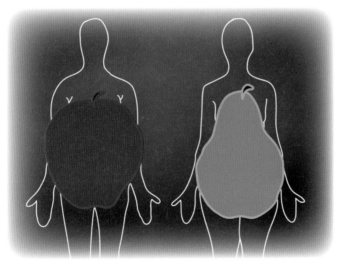

apple-shaped   prar-shaped

Real Life Conversation

◆ Dialogue 1

Ron   My dinner date was going well, and then I had massive diarrhea. My evening went pear-shaped immediately.

저녁 소개팅 정말 잘 풀리고 있었는데, 갑자기 설사했지 뭐야. 정말 소개팅 그것 때문에 망했어.

Joan   Haha, you're funny. If it's meant to be, I think you'll be OK.

하하, 정말 재미있으시네요. 하지만 인연이라면, 크게 걱정 안 하셔도 될 듯.

◆ Dialogue 2

Greg   Try as I might, I cannot for the life of me become better at public speaking.

내가 아무리 만고의 노력을 해도, 웅변 실력이 향상되지 않네.

Thresia Your plans of being president one day is going pear-shaped as we speak.

너 언젠가 대통령 되고자 하는 꿈은 글러 먹었네.

* meant to be
'그렇게 되게 되어있다'라는 말로 곧 '인연이다' 혹은 '운명이다'라는 말. 로맨틱한 장면에서 "We are meant to be together."라고 쓸 수도 있고 중대한 사건의 기로에 서 있을 때도 "This is meant to be"라고 쓰인다.

◆ Dialogue 3

Paula   Do you think the new administration will pass any new
legislation on the budget?
새 행정부가 예산에 대한 새로운 법안을 통과시킬 것 같아?

Peter   Yes, it will all go pear – shaped unless they do. Besides
tax cuts they'll reduce spending as well.
안 그러면 완전히 망할 텐데. 절세 이외에도 지출을 줄여야 될 거야.

◆ Dialogue 4

Ben   It will all go pear – shaped if we don't straighten out our
quarterly earnings.
분기별 수입을 바로잡지 않으면 완전히 망치게 될 거야.

Darlene   Yes, the CEO must recall the bad products we've been
making.
맞아. 회장님이 우리가 그동안 제작해 온 불량제품을 회수해야 해.

* straighten out
정리하다 바로잡다

I '더 이상 참을 수 없어; 이제 할 만큼 했어'

This is the last straw

The last straw breaks the
camel's back.

● "This is the last straw.
My computer OS won't activate."
정말 못 참겠다. 내 컴퓨터 OS가 작동 안 하네.

원래는 'The straw that breaks the camel's back'로서 낙타는 더 이상 버틸 수 없을 만큼의 많은 짐을 이미 지고 있는 중이라서 지푸라기 (straw) 하나라도 더 얹으면 그대로 쓰러지고 말 것이라는 표현이다.

그러니까 "더 이상 참을 수 없어"라고 해석하면 될 듯.

또한, 상대가 무언가를 과하게 할 때 구어체에서 "Enough is enough" (그만해, 됐어 됐다고)라고 쓸 수 있고 관련되는 표현으로 "I've had enough of it." (이제 할 만큼 했다. 지겹다)가 있다.

Hera   The boss just called. It seems like we're going to have a
        Skype teleconference call on Sunday evening.
        방금 팀장님이 전화하셨어요. 결국에는 일요일 저녁 즈음에서 스카
        이프로 화상통화 해야 할 듯하네요.

Dennis OK, this is the last straw – I've had enough of these
        last-minute weekend meeting announcements!
        아으 정말, 이제 나도 정말 어쩔 수 없다. 이렇게 막판에 주말 회의
        잡는 거 정말 진절머리 나네!

Real Life Conversation

◆ Dialogue 1

Rick I can't believe that the other company broke off the deal without informing us in advance.

우리에게 사전 통보도 없이 저 회사가 일방적으로 거래 끊기로 한 것이 정말 믿어지지 않네.

Mandy I know, seriously. This is the straw that broke the camel's back; we're not going to do business with them anymore.

내 말이. 나도 더 이상 못 참겠네. 우리 그쪽 회사랑 더 같이 일 못 하겠어.

◆ Dialogue 2

Tom This is the last straw! First they take my vacation time and now income!

더 이상 못 참겠다. 처음엔 내 휴가를 빼앗더니 이제 수입마저!

Jane The government has no favorites. They're equally opportunity abusers!

정부가 도저히 도움이 안 되네. 그들이야말로 똑같이 기회를 남용하니 말이야!

◆ Dialogue 3

Eileen This is the last straw. I lost my phone and now I'm behind on the homework.

더 못 참겠다. 핸드폰 잃어버렸지 이제 과제는 밀려있지.

Gary Don't worry; he's our easiest professor. He'll let you make it up. Just ask him.

걱정하지마. 우리 교수님 가장 관대하시잖아. 아마 네가 과제를 마칠 수 하도록 해주실 거야. 부탁해봐.

◆ Dialogue 4

Don   This is the last straw. My computer OS won't activate.
정말 못 참겠다. 내 컴퓨퍼 OS가 작동 안 하네.

Joe   Yep! You'd better figure it out quickly; all the
championship games are on this week and next.
빨리 알아봐서 고치는 게 나을 걸; 이번 주와 다음 주에 모든 챔피
언십 게임이 출시될 텐데.

◆ Dialogue 5

Kevin   I really miss my family. I think this is the last straw!
나 정말로 우리 가족 보고 싶어. 나도 할 만큼 한 것 같은데.

Monique   Why, what's the matter?
왜 무슨 일 있어?

Kevin   They haven't written me in years and I send them e-
cards every year at Christmas time.
몇 년 동안 나한테 편지 한 통 없는 거 있지. 내가 매년 크리스마스
때마다 전자카드를 보내는데 말이야.

Monique   Write them a long message; maybe they'll respond.
그럼 긴 메시지를 써서 보내봐. 그러면 답장이 올지도.

Kevin   Good idea.
좋은 생각이네.

┃ '항복하다, (하던 일을) 그만두고 포기하다, 희망의 끈을 놓아버리다'

Throw in the towel

● "Why don't we just throw in the towel
and find new jobs?."
그냥 포기하고 새 직장을 찾는 게 어때?

원래는 'Throw in the sponge'로서 예전에 권투경기에서 선수들이 경기 도중 땀을 닦거나 흘린 피를 닦으려고 스펀지를 가지고 있었는데, 경기 도중 선수나 혹은 매니저가 더 이상 경기를 진행하지 않고 포기하고 싶을 때 (패배의 인정으로) 스펀지를 링에 던지는 데에서 유래하였다고 한다.

미국에서 스펀지가 수건(towel)으로 변형되어 사용되기 시작하여 오늘날엔 경기뿐만 아니라 일상적으로도 '포기하다'를 의미할 때 쓰인다.

Never throw in the towel. **Use it to wipe off the sweat of your face. Then keep going.**

수건을 절대 던져버리지 말라(포기하지 말라). 대신 그 수건을 당신의 얼굴의 땀을 닦는 데 사용하고 계속 정진하라.

즉, 포기하지 말고 계속 정진하라는 의미이다.

Danny   Why don't we just throw in the towel and find new jobs?
그냥 포기하고 새 직장을 찾는 게 어때?

Joe   No, we've got to do our best to finish this project on schedule.
아냐, 일단 예정대로 이 프로젝트를 마치기 위해서 최선을 다해봐야지.

Jacob   You know, the company's market share in the wearables market has been decreasing over the past three years. Maybe the company has to give up on wearables...
지난 3년간 우리 회사의 웨어러블 시장 점유율이 계속 하락했어요. 우리 회사에서 이제는 웨어러블 시장에서 철수해야 하지 않나 싶네요...

Chole   Don't throw in the towel just yet! There has got to be some customers that we haven't tapped yet.
아직 포기하지 말아요! 아직 우리가 공략하지 못한 소비자들이 남아 있을 거예요.

* to tap something / someone은 누군가 또는 무엇으로부터 금전적 또는 기타 이익을 취득함을 의미함. 부정적인 의미로 쓰일 때도 있지만, 긍정적이거나 중립적으로 쓰이는 경우가 더 많다.

Real Life Conversation

◆ Dialogue 1

Dean — With only twelve games left, my team is fifteen points off the top. It looks increasingly likely an insurmountable gap...

열두 경기밖에 남지 않은 상황에서, 내 팀과 1등 팀 간 격차가 승점 15나 되네. 점점 희망을 잃어가고 있어...

Jane — Wait, your team has been champions in three of the past five seasons, and you're giving up that easily? Don't throw in the towel just yet.

잠깐만, 너희 팀이 지난 5번의 시즌 중 3번을 우승했는데, 그렇게 쉽게 포기해? 그렇게 쉽게 희망의 끈을 놓지 마.

◆ Dialogue 2

Rick — Let's not throw in the towel on our favorite university football team.

우리가 제일로 좋아하는 대학 미식축구팀에 대한 희망을 저버리지 말자.

Marvin — Yes, I haven't given up on them. They can still go to the Rose Bowl if they beat Stanford today.

맞아, 나 아직 포기 안 했어. 오늘 스탠퍼드 대학을 무찌르면 아직 Rose Bowl에 진출할 수 있어.

Rick — That's right and at the half they're ahead.

그렇지. 지금 경기 절반이 끝났는데 이기고 있네.

Marvin — I'll say my prayers for them.

정말 기도라도 해야겠네.

* insurmountable gap
넘을 수 없는 차이. 요샛말로 '넘
사벽'

* Rose Bowl
매년 새해에 미식축구경기인 로
즈볼이 열리는 미식축구 경기장

◆ **Dialogue 3**

Ricky   I might throw in the towel. First, my computer acts up
         and now I lost my cell phone. Can it get any worse?
         아이 모르겠다. 이럴 거면 그냥 안 할래. 컴퓨터가 발작을 일으키
         더니 이제 핸드폰이 없어졌네. 어쩌려고 이러는 거야?

Jenny   I don't want to think about it getting any worse than no
         computer and no cell phone.
         아으 컴퓨터도 핸드폰도 없는 것보다 더 나빠지는 거 상상하기도
         싫다 싫어.

◆ **Dialogue 4**

Daniel   My friend decided to throw in the towel and return to
         our home country before there's a shooting war.
         실제 전쟁이 일어나기 전에 내 친구는 그냥 접고 본국으로 돌아가
         기로 결정했어.

May   Yes, if there's a shooting war it may involve WMD's this
         time.
         정말 전쟁이 일어난다면 이번에는 대량 살상 무기가 사용될 수도
         있어.

* WMD(weapons of mass
destruction) 대량 살상 무기

Daniel   Many Christians in the Middle East have thrown in the
         towel and left due to the fighting and the loss of their
         homes.
         중동에 있는 수많은 기독교인이 분쟁과 삶의 터전 파괴로 인해 상
         황을 그냥 받아들이고 그 지역을 떠났대.

May   Only a few sympathetic governments and non-profit
         organizations even try to help, unfortunately.
         정말 불행히도 그 사람들을 불쌍하게 여기는 몇몇 정부와 비영리
         단체들만 도움을 주려고 하는 것 같아요.

| '잘못 짚다, 엉뚱한 사람을 비난하다'

Bark up the wrong tree

"I think everyone is barking up the wrong tree,
don't you?"
내 생각에 모든 사람이 헛다리를 짚고 있는 것 같아, 안 그래?

미국 개척시대에 밤에 너구리 사냥을 하는 것이 유행이었다.

야행성인 너구리는 쫓던 사냥개를 피해서 나무 위로 도망가곤 하는데 쫓던 사냥개들이 그 나무 아래에 지키고 서 있으면서 사냥꾼이 올 때까지 계속 짖고 있었다.

그 와중에 머리가 좋은 너구리는 개를 피하기 위해 여러 가지 속임수를 쓰는데 얼른 다른 나무로 옮겨 타서는 엉뚱한 나무 아래에서 짖고 있는 사냥개와 사냥꾼들을 허탕 치게 했다고 한다.

따라서 'Bark up the wrong tree'는 '헛다리 짚다', '엉뚱한 사람을 비난하다'의 의미이다.

(오바마 연설문 중) "You are barking up the wrong tree when it comes to opposing this legislation."

여러분이 이 안건에 반대한다면 그 것은 헛다리 짚는 것이다.

(2016년 10월 31일 사설 기사 제목) "Barking Up the Wrong Tree: Donald Trump's Failed Attempt at Using Culpability Against Hillary Clinton"

헛다리 짚다: 도널드 트럼프가 힐러리 클린턴의 (이메일 서버 논란에 대한) 유죄를 이용하려던 계획은 실패로 돌아감

Real Life Conversation

◆ Dialogue 1

Calvin   I need to run some statistical analyses as soon as possible, and that's exactly why I'm seeking your help.
최대한 빨리 통계 분석을 좀 해야 하는데, 이 점 때문에 너의 도움을 지금 요청하는 거야.

Luke   The last time I did statistics was ten years ago; you're barking up the wrong tree!
나 통계 돌린 지가 마지막으로 십 년 전이었어. 헛다리 짚으시는 듯.

◆ Dialogue 2

Ryan   Looking at the evidence, the criminal suspect also appears to have connections to the Mafia.
지금 증거를 보니깐, 범죄 용의자가 마피아랑도 연결 고리가 있네요.

Daniel   You may be barking up the wrong tree. Those connections were proven to be incorrect a year ago.
잘못 짚으신 듯. 1년 전에 그 사람과 마피아 간 연결 고리는 없는 것으로 판명되었죠.

◆ Dialogue 3

Lynn
I think everyone is barking up the wrong tree, don't you?
내 생각에 모든 사람이 헛다리를 짚고 있는 것 같아. 안 그래?

Craig
Maybe, they haven't even tried to address the cash flow problem we're having as a company.
그런 듯도 싶네. 회사가 직면한 자금흐름 문제에 대해서는 역점을 두어 다룬 적이 없으니 말이야.

◆ Dialogue 4

Mike
We should head in this direction on this project.
이 프로젝트는 이 방향으로 나가야 합니다.

Charles
Everyone agrees; we're barking up the wrong tree on this project.
모든 사람이 동의하는 바야. 우리는 이 프로젝트에서 엉뚱한 방향으로 나가고 있다고.

◆ Dialogue 5

Mary
I think the special prosecutor is barking up the wrong tree for the Russia thing, don't you?
특검은 러시아사태에 대해서 헛다리를 짚고 있는 것 같아. 안 그래?

Robb
Yes, it seems that way the other tree might give him better results.
맞아, 다른 쪽을 파보는 것이 더 나은 결과가 있을 것 같네.

| '잘못이 있다고 어떤 사람을 지적하다, 경찰에 고발하다'

Put the finger on someone

- "Don't put the finger on me;
  I didn't take the purse."
  나를 비난하지 마. 난 지갑에 손댄 적 없으니까.

'Put the finger on someone'은 직역하면 '누군가에게 손가락을 놓다' 인데 손가락이 무엇인가를 지목할 때 쓰임을 상기하면 '누군가를 지목하다'의 의미이다.

이 표현은 갱스터들이 쓰기 시작했다는데 예전에는 체포된 범인의 수갑 아래에 손가락을 넣어서 범인을 끌고 가는 데서 유래했다고도 한다.

1920년대에는 '범인을 경찰에 밀고하다'의 의미로 쓰이다가 오늘날은 '잘못이 있다고 어떤 사람을 지적하다/고발하다'의 의미로 쓰인다.

Real Life Conversation

◆ Dialogue 1

Stewart   There is something wrong with the company. I don't really know what it is, but I can sense it.

회사에 무언가 수상한 일이 있어. 무엇인지는 구체적으로 모르겠는데, 감이 와.

Arlene   I know, right? I can't quite put my finger on who exactly is behind it, though.

나만 그런 게 아닌 듯? 정확하게 누가 배후에 있는지 파악은 못 하겠네.

◆ Dialogue 2

Kerry   I can put my finger on a couple of suspects. Can't wait to interrogate them...

두 명의 용의자가 의심되는데. 얼른 잡아서 심문하고 싶네...

Ruth   Be careful! We operate within the rule of law. Don't forget that!

조심해! 우리는 법치주의 사회에서 살아가고 있다는 점을 명심해야 하네!

191

MEMO

I '마구잡이로 총질하다, 무분별하게 비판하다'
Take a pot shot (at)

- "Samsung Galaxy Note TV ad takes pot shots
  at iPhone fans (again)."
  삼성 갤럭시 노트 TV 광고가 아이폰 지지자들을
  (또 한 번) 함부로 비난하다.

'shot'은 발포, 발사란 말이고 pot shot은 원래 사냥감을 무분별하게 마구 사냥한다는 말에서 유래하여 '마구잡이 총질' 또는 상징적으로 '무분별한 비판'이라는 의미이다. 따라서 'Take a pot shot'은 '마구잡이로 총질하다, 함부로 비난하다'의 의미이다.

다음은 삼성과 애플이 한참 긴장 관계에 있을 때 미국 신문에 등장한 기사 제목이다

"Samsung Galaxy Note TV ad takes pot shots at iPhone fans (again)."

삼성 갤럭시 노트 TV 광고가 아이폰 지지자들을 (또 한 번) 함부로 비난하다.

Carter   You know, a bit of back—and—forth between politicians is common. That's what politics is about!

뭐 알겠지만, 정치인들 간 설전은 뭐 일상다반사 아니겠어요. 정치가 설전이지 뭐!

Mia   Well, yes, but too many of them are taking pot shots at one another for the sake of criticism, and it seems like family members of politicians are also being criticized in such a way.

뭐 그렇기는 하지만, 너무나 많은 정치인들이 서로 비건설적으로, 험담을 위한 험담을 하잖아요. 그리고 정치인들의 가족들도 비슷하게 욕을 먹는 것 같더라고요.

M E M O

Real Life Conversation

◆ Dialogue 1

Greg   Their team's striker is now restricted to taking pot shots at the opposition goalkeeper.
저 팀의 공격수는 이제 그냥 아무 생각 없이 상대방 팀의 문전을 향해 슛을 하고 있네요.

Tony   I'm really not surprised. She's playing against a team that has the best midfield in the league. There really is no other way.
그다지 놀랄 일은 아닌 듯. 그 선수는 리그에서 최고의 미드필드를 가진 팀을 상대로 뛰고 있었어. 그 외의 다른 방법은 없는 듯.

◆ Dialogue 2

Linda   The special prosecutor took a pot shot at the president, but to no avail.
특검은 대통령을 무분별하게 비판했는데 별 소용이 없었어.

Sam   Yes, I know. Without evidence it's a waste of taxpayer money.
그러게, 충분한 증거 없이는 국민의 혈세를 낭비하는 거지.

M E M O

◆ **Dialogue 3**

Lulu   They've taken another pot shot at the Rocket Man in a
        sit-com on TV.
        텔레비전 시트콤에서 그 로켓맨(김정은)을 다시 마구 비난을 하더
        라고.

Mel   Yes, he's a popular figure nowadays and wants peace
        during the Olympics.
        응, 그 사람 요새 완전히 유명해져서 올림픽 기간 동안 평화를 원
        하는 듯.

◆ **Dialogue 4**

Joe   Wow! Did you hear the news? One magazine took
        another pot shot at the media for lambasting the
        President's immigration restrictions.
        와우! 너 뉴스 들었어? 한 잡지사에서 대통령의 이민 제한정책을
        몹시 비난하는 방송국을 향해 마구 험담을 다시 날렸다나 봐.

Sally   Yes, I know it's been a war since he took office. It's
        always in the news.
        응, 그 사람이 대통령이 된 후로는 하루하루가 전쟁이네. 항상 뉴
        스에 등장하거든.

T I P

* lambast
  후려치다 몹시 꾸짖다

| '배신하다, 변절하다'

Sell someone down the river

● **"Is politics is full of mutual acts of** selling each other
down the river**?"**
과연 정치판은 항상 서로 중상모략과 배신을 일삼는 그런 곳인가요?

이 표현은 톰 소여의 모험('Uncle Tom's Cabin')에서 유래되었다.

예전에는 미국에서 주인 마음에 안 드는 흑인 노예들을 미시시피강 아래로 팔아 치우면 이들은 최악의 노동조건으로 악명 높았던 강 아래쪽인 남부 지방 사탕수수농장에서 죽도록 일만 하면서 살아야 했다고 한다.

'사람을 팔아넘기다'라는 말이 후에는 상징적으로 '배신하다'라는 의미를 갖게 되었다.

자신의 이익을 위해 누군가를 이용하거나 더 나아가서 약속했던 것을 지키지 않고 '속이거나 배신'하는 뜻으로 쓰인다.

(Mark Twain의 Huckleberry Finn 중에서)

He ain't no slave... Old Miss Watson died two months ago, and she was ashamed she ever was going to sell him down the river, and said so; and she set him free in her will.

그 남자는 이제 노예가 아니다... 미스 왓슨은 두 달 전에 죽었는데 그 남자를 팔아치우려고 했었다는 것을 늘 부끄러워했다고 하면서 유언장에서 그 남자를 해방시키라고 했다.

Janet   Clare, would you sell your best friend down the river?
클레어, 절친을 배신할 수 있을 것 같아?

Clare   Yes, if she turned out not to be my best friend but my worst enemy.
만약 그녀가 내 절친이 아니라 내 철천지원수가 된다면 그럴 수 있지.

Real Life Conversation

◆ Dialogue 1

Owen   Is it always true that politics is full of mutual acts of
        selling each other down the river?
        과연 정치판은 항상 서로 중상모략과 배신을 일삼는 그런 곳인가요?

Olivia No, actually the reality is considerably more
        complicated. There is backstabbing, but principles also
        matter, as does trust.
        아니요, 현실은 조금 더 복잡하죠. 배신도 있지만, 원칙과 신뢰도
        중요하죠.

◆ Dialogue 2

Liam   What is your view of what the government has done so
        far with respect to the factory?
        정부가 여태까지 공장과 관련하여 이행했던 점들에 대해서 어찌 생
        각하시는지요?

Joseph The government promised us that all jobs would be
        saved even after the takeover; however, that promise
        wasn't kept. We've been effectively sold down
        the river against our wishes.
        공장이 인수된 이후에도 정부에서는 기존 일자리들이 그래도 유지
        될 것이라 약속했었죠. 하지만 그 약속은 지켜지지 않았어요. 우리
        가 원했던 것과는 반대로, 정말 우리를 정부가 내다 버린 거죠.

* backstabbing: 직역을 하면
'뒤에서 칼을 꽂다'라는 표현으
로, 특히 상대방이 전혀 의심을
안 하고 있을 때 배신을 하거나
그 사람을 비판하거나 공격하는
행위를 일컫는다.

◆ **Dialogue 3**

Dylan   Don't you think some of these ticket scalpers **would** sell
their competition down the river **if they had the chance?**
암표상들은 기회만 있으면 경쟁 상인들을 철저하게 짓밟을 것으로
생각하지 않아?

Riley   For sure. Look at their prices, now.
맞아. 암표가격을 좀 보라고.

Dylan   That's what I mean.
맞아 내 말이.

Riley   Totally absurd!
완전히 터무니없잖아

◆ **Dialogue 4**

Rick   I sometimes feel like my friends would gladly sell me
down the river **just to achieve their personal goals.**
난 가끔 내 친구들이 자기 목표를 성취하려고 기꺼이 나를 배신하
지 않을까 생각이 들더라.

Ellie   It isn't good to have friends like that.
그런 친구들이 있다면 불행이지.

* ticket scalper는 암표상.
scalp는 동사로 '(증권 등을)
팔아 차익을 남기다, 또는 (아무
를) 속이다'인데 명사로는 '당장
의 이윤을 노려 사고파는 사람',
ticket scalper는 암표상

52

I '책임을 전가하다, 책임을 회피하다'

Pass the buck (to)

● "After I make a decision, I never pass the buck."
일단 결정을 하면 절대로 책임을 남한테 전가하지 않는다.

'Pass the buck'에서 buck은 달러를 의미하는 게 아니다.

19세기경 미국에서 포커할 때 카드를 돌릴 차례가 된 사람(dealer) 앞에 사슴뿔 손잡이가 달린 칼(buckhorn knife)을 놓아 차례를 알렸는데 이를 buck이라고 불렀다.

여기서 'Pass the buck'은 '패를 넘기다'라는 의미이고 결국 '책임을 회피하다/전가하다'라는 뜻으로 쓰였다.

따라서 Don't pass the buck to me는 '나한테 책임을 미루지 말라' 또는 '나한테 책임을 묻지마'라는 뜻이다.

Real Life Conversation

◆ Dialogue 1

Aiden   What is a key ingredient for leadership, Terri?
테리, 리더십에 있어서 필수 요소가 뭐지?

Terri   Well, I would say that not passing the buck on important decisions is one.
중요한 결정에 대한 책임을 남에게 떠넘기지 않는 것이 한 요소지.

◆ Dialogue 2

Danny   I think Bitcoin will soon lose favor, but the U.S. dollar could go first.
가상화폐는 곧 인기가 시들해질 것 같아. 하지만 미국달러는 선두를 달릴 거야.

Darleen   Yes, they can't pass the buck any longer. Fake is fake in any language.
맞아 그들은 더 이상 책임을 회피할 수 없을 거야. 어디에서든 가짜는 가짜니까.

◆ Dialogue 3

Ron   Well, it seems the new president has several issues he can no longer pass the buck on.
흠. 새 대통령은 더 이상 책임을 남에게 전가할 수 없는 여러 가지 안건에 직면한 것 같네.

Nancy   Yep! He may lose face on several since we don't want a World War 3 or an economic collapse.
맞아. 그는 여러 가지 안건에 대해서 체면을 구긴 것 같아 왜냐면 우리는 3차 세계대전이나 경제난을 원하지 않기 때문에.

Ron   Hmm··· I agree he's definitely between a rock and a hard place with all these difficult issues.
흐음... 그는 이 모든 난제 때문에 진퇴양난의 기로에 있음이 틀림없어.

Nancy   Goes with the territory, I suppose.
대통령직 수행이 쉬울 수는 없지 뭐.

* come/go with a territory
(어떤 어려움이나 문제점이) 어떤 특정한 업무나 상황에 동반되어 나타나다.
'Sleep deprivation comes with the territory of being a new parent.' 수면 부족은 새로 부모가 되면 나타나는 현상이다.

| '떳떳하게 책임을 지다, (잘못에 대해) 비난을 감수하다'

Face the music

● "After failing an English test, John had to go
home and face the music."
영어시험에 떨어진 후, 존은 집에서 비난을 감수해야만 했다.

'Face the music'은 직역하면 '음악을 직시하다'라는 말인데 다음과 같
은 두 가지 유례가 있다고 한다.

하나는 오페라 극장의 무대 뒤에서 자기 차례를 기다리던 (초짜) 연기자
들은 막상 자기 차례가 되면 다리가 후들후들 떨릴 정도로 긴장했었는데, 이
때 무대와 관객 사이에는 음악을 연주하는 오케스트라가 있었다.

이때 '음악을 직시해'라는 말은 '(호평을 받든 혹평을 받든) 선선히 난국에
대처하라'를 의미하게 되었다.

또 하나는 옛날 군대에서는 나쁜 일을 저지른 군인을 추방할 때 북을 쳐
그 사실을 알렸고 잘못을 저지른 군인은 자신이 한 일에 책임을 지며 떠나면
서 그 북소리를 들었다.

이렇게 쫓겨나는 군인이 북소리를 듣는 것을 'Face the music'이라고 하고 '자신이 한 일에 책임을 지다'라는 의미이다.

즉, '잘못했으면 떳떳하게 책임을 지라'를 의미한다.

Ricky   If I don't finish this project soon I'll have to face the music
        with my boss.
        이 프로젝트를 곧 마치지 못한다면 사장한테 혹독하게 비난받아야
        될거야.

Randy   You'd better get back to the grind stone then.
        그럼 원래 하고 있던 일 다시 하는 게 낫겠네.

* get back to the grind stone은 본디의 (싫은)일을 다시 하다. 'grind stone'이 회전 숫돌이고 grinding은 '맷돌로 가는, 힘드는' 의미

M E M O

Real Life Conversation

◆ Dialogue 1

Gail   Our business strategy didn't quite work out in that emerging market, did it?
저 신흥 시장에서 우리의 비즈니스 전략이 그렇게 잘 먹히진 않은 것 같다, 그치?

Roger   No, it did not. Time to face the music in the director's office on Thursday...
응, 잘 안 먹혀들어 갔네. 목요일 부장님 사무실에서 면박 먹겠네...

◆ Dialogue 2

Roy   The team lost six games in a row. It's incredible that the coach hasn't been sacked yet!
이 팀이 6연패를 했는데도 아직 감독이 경질이 안 된 점이 신기하다.

Gene   Oh, trust me, it'll happen soon – the coach is bound to face the music and get sacked soon.
아니, 내 말 기억해. 감독은 혹독하게 비판받고 곧 경질될 거야.

T I P

* in a row 연속적으로 일렬로

* sack 해고하다

◆ Dialogue 3

Patty   If we don't finish up this year well we'll have to face the music, don't you think?
이번 해에 잘 마무리 못 하면 비난을 감수해야 할 것 같아, 안 그래?

Randy   Yes, we may not graduate with our poor grades and attitude problems.
맞아. 학점 나쁘지 수업 태도 불량하지 졸업하기 힘들 거야.

◆ Dialogue 4

Roger　If things get any worse we'll have to face the music and reduce spending.
상황이 더 나빠진다면 우리는 비난을 감수해야 하고 지출을 줄여야 될 거야.

Emma　I think that's the truth. We can't keep using our plastic like this because we'll never get out of debt.
네 말이 맞아. 신용카드를 이렇게 써대다가는 빚더미에서 결코 벗어나기 어려울 거야.

Roger　We desperately need to budget.
우리 씀씀이를 좀 통제해야 해.

Emma　I agree. Let's start one today, OK?
그래. 오늘부터 시작해볼까 그럼?

◆ Dialogue 5

Gail　If we eat all these oatmeal cookies we'll have to face the music from my mother.
우리가 이 오트밀 쿠키를 다 먹어치우면 엄마한테 많이 혼날 것 같은데.

Roger　Yes, but I think it's worth it. What can she do to us for liking her cookies?
그럴 거야. 그런데 먹어치울 가치가 있을 듯... 엄마가 만든 쿠키를 좋아한다는데 뭐라고 하시겠어?

54

┃ '모든 책임은 궁극적으로 내가 다 떠맡는다'

The buck stops with me

● "I should have been like Billy and said the buck stops with me!"
나도 빌리처럼 모든 책임을 내가 다 진다고 말했어야 했다!

'buck'이 '책임'이란 뜻으로 쓰이는 유명한 표현이 또 하나 있다.

1949년 한국 전쟁 중 미국 대통령 Harry Truman은 "The buck stops here."라는 글이 적힌 명패를 백악관 집무실 책상 위에 올려놓았던 것으로 유명한데 'buck(책임)은 여기서 정지한다.' 즉, '모든 책임은 궁극적으로 나한테 있다'는 뜻이다.

트루먼은 중대한 결정을 한 뒤 머뭇거리는 부하가 있으면 실제 이렇게 말했다고 한다.

"책임은 내가 지겠다. 그러니 열심히 하든지 아니면 떠나라." 이렇듯 지도자가 책임을 떠맡는 태도는 오늘날 정치인들이 좀 본받아야 할 듯하다.

또한 미국 텍사스주의 와코에서 사교 집단의 지도자는 FBI와 50여 일간 대치 상태에 있다가 마지막에는 불을 질러 자살함으로써 수많은 인명피해를 초래하고 마침내 대치 상황을 끝냈는데, 이러한 비극에 당황한 그 당시 U.S Attorney General(연방법무장관)은 기자 회견에서 "I'm accountable. The buck stops with me." (모든 책임은 내가 진다)라고 말했다고 한다.

이렇듯 책임을 스스로 지겠다고 천명하고 실천하는 정치인들을 보면 참 부러워지는데 목적어를 바꾸어 쓰면 남에게 책임을 전가할 때 쓰일 수도 있다.

트럼프는 911사태에 대한 부시 대통령의 대 테러 실패정책을 논하면서 "The buck stops with Bush" (모든 책임은 부시 대통령에게로)라고 말했다고 한다.

Real Life Conversation

◆ **Dialogue 1**

Ethan
Actually, I'm the one that made the mistake. I'll report this myself to the chief...
실은 실수를 저지른 사람은 저입니다. 제가 직접 과장님께 보고 드릴게요...

Lucas
No, no, I actually gave you wrong instructions, even though it was a mistake. The buck stops with me on this one.
물론 실수를 했지만, 그 실수의 원인은 자네에게 잘못된 지시사항을 준 나에게 있네. 이건 온전히 내 책임이야.

◆ **Dialogue 2**

Aiden
The new president says the buck stops with me on several issues like North Korea, immigration and tax reform. I wonder how things will go.
새 대통령은 북한 문제나 이민문제 또 세제개혁 같은 여러 가지 안건에 대해서 스스로 책임을 지겠다고 말하는데 일이 어떻게 진행될지 모르겠어.

Mia
Yes, these are some volatile issues, for sure.
그래, 이런 문제들은 변동이 심한 안건들임이 틀림없어.

M E M O

◆ **Dialogue 3**

Billy I should have said the buck stops with me, but I kicked the can down the road again.
모든 책임은 내가 다 진다고 말했어야 했어 그러나 다시 차일피일 미루다가 걷잡을 수없이 되어버렸어.

Hillary That's too bad. Now there's no road left to kick the can down!
참 안되었군요. 이제는 깡통을 차 버릴 길도 남아 있지 않아요.(더 이상 미룰 여지도 없어요.)

◆ **Dialogue 4**

Jimmy I should have been like Billy and said the buck stops with me!
나도 빌리처럼 모든 책임을 내가 다 진다고 말했어야 했는데…

Harriet That's for sure, now that we have no more time left to reverse things.
그건 의심의 여지가 있지, 이제 되돌릴 수 있는 시간도 남아 있지 않으니깐.

T I P

* kick the can down the road는 깡통을 길을 따라 차버리면 계속 굴러떨어지므로 '일을 차일피일 미루다가 걷잡을 수 없이 밀려버리다'라는 의미이다. 정치나 경제 정책 관련해서 자주 쓰이는 표현이다.

209

Ⅰ '사람이나 상황에 대해 감을 잡다, 혹은 상황을 통제할 수 있게 되다'

Get(have) a handle on things/
Get a grip on something

● "I cannot quite get a handle on the way
this software works."
나는 어떻게 이 소프트웨어가 작동하는지 전혀 감을 잡을 수 없다.

'Get(have) a handle on things/Get a grip on something' 직역
하면 '어떤 것의 손잡이를 잡다'인데 '어떤 것을 집어 들고 다룰 수 있게 되
다' 즉, '어떤 사람이나 상황에 대해 감을 잡다 혹은 상황을 통제할 수 있게
되다'라는 의미로 쓰인다.

이 표현은 처음 야구경기에서 선수가 공을 떨어뜨리자 경기를 중계하던
아나운서가 그 선수는 "Can't find the handle! He drops the ball."
라고 했다고 한다.

여기서 **handle**은 실제 물리적으로 잡고 있는 것(get a grip)뿐만 아니라
상징적으로 사람들이 붙잡을 수 있는 어떤 것에도(예를 들면 상황에 대한 이
해, 또는 통제력) 쓰인다.

Dennis   I can't quite get a handle on **finding a job after leaving the military.**
제대 후에 직장을 찾아야 하는데 감이 영 안 잡히네.

Lu Ann   Hmm... I wouldn't be in a hurry; Just enjoy your vacation.
흠... 나 같으면 서두르지 않을 듯. 그냥 휴가를 즐기라고.

Taking Control

Real Life Conversation

◆ Dialogue 1

Emma   My goodness, I have an exam, a presentation, a paper, all happening on Monday!
어머, 월요일 하루에 시험도 봐야 하고, 발표도 해야 하고 논문도 제출해야 하네!

Jason Get a grip on yourself – you still have the entire Sunday to make progress on them.
정신 차려 – 일요일 온종일 매달려서 해나가면 돼.

◆ Dialogue 2

Lyon   I love my big St. Bernard, but it's literally difficult to get a handle on her from time to time.
나 정말 내 세인트 버나드 종 반려견을 정말 아끼는데, 진심 가끔은 개가 통제가 안 된다니깐.

Ellie I'm with you on that one. But she's still so adorable!
고생이 많네. 그래도 너희 개 하는 짓 보면 너무 귀여워!

◆ Dialogue 3

Steve   I can't quite get a handle on controlling my weight, so I decided to take my friend's advice and try a ketogenic diet. He lost a lot of weight but gained it back.
도무지 체중 조절에 통제가 안 되어서 내 친구의 권고에 따라 케토 지닉(당질 제한)다이어트를 해보기로 결심했어. 내 친구는 체중이 많이 빠졌는데 다시 쪄버리긴 했다는데.

Tammy   Yes, most diets go against the body's normal functioning so it's hard to keep the weight off. It always comes back.
그래 대부분의 식단조절은 우리 몸의 정상적인 기능에 역행하는 거라서 체중을 줄이기가 힘들어. 항상 다시 찌곤 한다니까.

◆ Dialogue 4

Tammy   I really need help! I can't quite get a handle on this Math homework.
나 도움이 절실해! 이 수학 숙제 뭐가 뭔지 하나도 모르겠다.

Steve   It takes study and a while to sink in on those differential equations.
그러한 미분 방정식을 충분히 이해하기 위해서 한동안 열심히 공부해야 해.

* ketogenic diet
저탄수 고지방(low carb high fat) 다이어트로서 탄수화물 섭취를 낮추고 많은 양의 지방과 적당한 양의 단백질을 섭취하는 당질제한 식단임

* sink in
스며들다. 충분히 이해되다

* differential equations
미분 방정식

┃ '(비즈니스) 상황을 통제하다, 실질적으로 모든 권한을 행사하다'

Call the shots

● "Who is going to call the shots while our boss is gone away?"
사장님이 자리를 비운 사이에 누가 우리 회사를 통제하지?

이 표현은 포켓 당구에서 유래했다.

숫자가 새겨진 여러 색깔의 공들을 구멍(pocket)에 집어넣어야 하는데, 당구를 치는 사람은 어떤 공을 cue(공을 치는 긴 막대)로 쳐서 어떤 구멍에 집어넣을 것인지를 미리 말하고 나서(call the shots) 치고 만약 실패하면 칠 기회를 상대방에게 넘겨주었다고 한다.

따라서 'Call the shots'는 '게임을 지배한다/통제한다'는 의미에서 오늘날 (특히 비즈니스) '상황을 통제하다'라는 의미로도 쓰인다.

Emma called the shots in her relationship with Paul.
엠마는 폴과 연애하면서 리드를 하였다.

Why do you want to call the shots all the time?
왜 맨날 네가 대장만 하려고 해?

Real Life Conversation

◆ Dialogue 1

Carter I really think that there's one person in the government who's calling the shots. And no, that person is not the president, or any other democratically-elected official.
나는 진정으로 정부 내에서 실질적으로 모든 권한을 행사하는 사람이 존재한다고 생각해. 그 사람은 대통령도 아니고, 민주적인 절차에 의해 당선된 관료도 아니지.

Evelyn If you continue down that path, I'm afraid that you'll become a conspiracy theorist...
그렇게 계속 생각하시면, 음모론자로 변하실 것 같아요...

◆ Dialogue 2

Mason I guess I'm still used to working at a start-up. Now that I work for a conglomerate, I can't necessary call the shots anymore even on projects that I'm taking the lead.
난 여전히 창업하는 데에 익숙해 있는데... 이제 대기업에서 일하니까 내가 주도하는 프로젝트에서조차 실권을 행사할 수가 없네.

* continue down that path
는 직역하면 '그 길을 계속 가다'
이므로 '그렇게 계속 생각하다/
행동하다'의 의미

Mia Yes, but you can relax a bit once the decision is out of your hands.
맞아, 하지만 결정권이 네 책임이 아니다 보니 좀 긴장 풀고 쉴 수는 있지.

◆ **Dialogue 3**

Calvin   I can't normally call the shots because the boss has the
         final say.
         보스가 항상 마지막 권한을 행사하니 정상적으로 일을 주도할 수
         가 없네.

James   Yes, unless you have your own business that's usually
         the case.
         너 자신 소유의 비즈니스를 하지 않는다면 다 그렇지 뭐.

◆ **Dialogue 4**

Daniel   I need all of you to trust me on this. Follow my lead,
         please – I really know what I'm doing.
         저는 이 점에 있어서 여러분의 신뢰가 필요해요. 저의 리드를 따라
         주세요, 제발 – 저에게 계획이 있습니다.

Riley   Look who' calling the shots here! With all due respect,
         you are not really authorized to make these decisions
         on our behalf.
         여기 실권자 납시셨네! 이 말 내가 해서 너무 기분 안 나빠했으면
         좋겠는데, 당신은 우리 대신해서 그러한 결정들 내릴 자격이 없어.

*with all due respect'란 표
현은 통상적으로 상대방에게 부
정적인 말을 하기 전에, 상대방
에 대한 예우를 조금이나마 갖추
고자 할 때 쓰인다. 그러나 종종
부정적이거나 반어법적인 뉘앙
스를 풍기기도 한다.

217

MEMO